英語デジタル教材作成・活用ガイド

PowerPoint と Keynote を使って

唐澤 博・米田謙三
［著］

大修館書店

・PowerPoint は，米国 Microsoft Corporation の米国およびその他の国における登録商標，または商標です。
・Keynote は，Apple Computer, Inc. の商標です。
・本書では，™ および ® マークの記載は省略しました。また，商標を通称で表記していることがありますのでご了承ください。

はじめに

　ICT とは Information and Communication Technology の略です。一般には「情報通信技術」と訳されています。IT（Information Technology）の「情報」に加えて「コミュニケーション」性が具体的に表現されている点に特徴があります。教育現場でも，ICT を取り入れる機会がこの数年急激に増えています。

　ICT 活用教育の顕著な例は，2011年の小学校外国語活動開始に伴って導入が進んだ電子黒板を使った授業です。文部科学省による調査結果[1]では，2013年時点で，全国の公立学校（小，中，高，中等教育学校，特別支援学校）の74.7パーセントの学校に電子黒板があり，児童生徒6.5人に1台の割合で教育用コンピュータが整備されています。生徒用のタブレット端末を導入する自治体も増えており，学校での ICT 整備は今後加速度的に進んでいくでしょう。

　ただ，インフラ設備は必要条件ですが，環境が整えば，ICT 活用が進むともいえません。筆者の体験的には，デジタルデバイド（情報格差）は教師間で相当大きくなっていると感じます。例えば，「黒板がよい」という先生方の本心は，ICT 活用力によって微妙に違います。ICT 活用をし，そのメリット，デメリットを理解した上で「黒板がよい」という人よりは，「私は ICT に疎いから，授業では使いません」という人の方が，オーソドックスな「チョーク＆トーク」（Chalk & Talk）の授業へのこだわりが強いようです。乱暴な言い方かもしれませんが，「食わず嫌い」の状況がその背後にあるような気がしています。

　いま，私たちが向き合っている生徒たちは，デジタルネイティブ（Digital Native）です。物心ついた頃には，インターネット，携帯電話

iii

があり，ビデオゲームは当たり前，ICT はありふれた日常風景であり特別なものではありません。また，彼らは「C 世代」とも呼ばれています。「コンピューター（Computer）を傍らに育ち，ネット上で知人とつながり（Connected）コミュニティ（Community）を重視する。変化（Change）をいとわず，自分流を編み出す（Create）」[2]すなわち開かれた知とつながる力を持つ世代です。

　もちろん，教授法には流行り廃りがあるし，本質的なことに時代の差はないでしょう。しかし，いつまでも，Chalk & Talk だけの授業でいいのかと常に感じていることが大事です。時代や生徒たちにあった教え方も必要なのです。デジタル移民（Digital Immigrant）の先生は覚悟を決めて，スキルアップをするときが来たといえるでしょう。

　さて，小学校の新学習指導要領実施に先立ち，理数系学会教育問題連絡会が「『デジタル教科書』推進に際してのチェックリストの提案と要望」を出しました（2010年11月）[3]。理系授業における，デジタル教科書化の弊害に言及しながらも，反対の立場からではなく，「デジタル化はあくまでも教育の手段であり，目的とするのは教育を高めていくことである」と冒頭で述べています。この中の1項目，「「デジタル教科書」の使用により，授業の「プレゼンテーション化」や，児童・生徒に対するプレゼンテーション偏重・文章力軽視意識の植え付けが起きないようにすること」（事項7）については，基本的にデジタル化推進の立場である筆者も賛成です。

　理系科目とは違うものの，「魅せる」だけの授業は英語ではありえません。生徒が「英語を使えるようにする」のが教師の使命であり，コミュニケーション能力は，さまざまな学習活動をさせることなしには身に付かないからです。個々の生徒の行う音声活動，読解，作文に加え，ペアワーク，グループワークがセットになるのが英語授業です。理系科目で，実験が重要なのと同じです。英語教師は教授者であると同時に，トレーナーでもあるべきです。

　では，実際にどのように ICT を活用していけばよいのか？　この本では，既成のデジタル教科書を使用するよりも，もっと手軽な，またおそら

く筆者たちの経験上，特に英語科ではもっとも効果的なICTの活用法を提案します。それは，PowerPointやKeynoteなどのプレゼンテーションソフトウェア（以降，プレゼンソフト）の手作り教材を使った授業です。プレゼンソフトで作成するのは，基本的に授業で提示して使う指導用の教材です。パソコン初心者でも作成しやすく，授業中の操作も簡単です。また作成したスライドに伝えたい内容をきちんと入れておけば，重要なこと，伝えたいことを確実に伝える（教える）ことができます。またことばだけでは伝えにくい内容を視覚的に示すことができるとともに，生徒の集中を保つことにも役立ちます。

英語教育との相性のよさは抜群です。単語指導のフラッシュカードは簡単に作れるし，英語の音声も貼り付けることができます。つまり，これまで複数の機器やツールを用いて行ってきた活動がPowerPointの操作だけで可能になり，シームレスな授業展開が可能になります。ハード面でも手軽です。ノートパソコンまたはiPadなどのタブレット型端末に，プレゼンソフトで作った教材を入れておけば，プロジェクターと壁（またはノートパソコンやタブレットにつなぐことができるテレビモニター）さえあれば表示が可能です。

また，もうひとつの大事なメリットは再活用しやすいということです。生徒の反応を見ながら手を加えていき，その度ごとに保存しておけば，他のクラスでも，次の学年でも同じように授業をすることが可能です。デジタルのデータなので内容をプリントにしたり，授業研究のための資料を作成することも簡単にできるし，教師同士の授業内容の共有にも役立ちます。

本書の構成は，1章「ICT環境を整えよう」は，各ICT設備の役割と設置のポイント，2章「ICT活用授業の意義と授業モデル」では，デジタル教材の特徴と，実際の授業モデルを紹介しています。

3章，4章は，PowerPointとKeynoteを使って作る教材例です。3章は「基本の教材を作ろう〜基礎編〜」として，教科書の英文を使い，授業で使える画面を作りながらPowerPointとKeynoteの基礎がわかる構成になっています。例は，高校のものが多いですが，小学校，中学校でも応用

できるように工夫して記述しています．4章には，「アイディアを生かした教材集～実践編～」ということで，3章で覚えた基本操作を応用した，授業ですぐに使える PowerPoint のスライド例を多数収録しました．基本から始めようという方々はまず3章を，既にプレゼンソフトを使ったことがある方は4章から読まれてアレンジしていただいてもいいと思います．なお，3章の前には「基本操作 早わかり」のページを設けましたので，PowerPoint や Keynote 初心者の方はご一読ください．

5章は，「効果的な ICT 活用のために」ということで ICT 活用指導力や留意点から著作権教育や研修の事例なども紹介しています．ICT 活用教育の全体像や授業でのポイントを示していますので，授業デザインを考える一助にして下さい．6章は，PowerPoint や Keynote 以外の，英語授業に使えるアプリやウェブサイトをまとめて紹介しました．

これから ICT を活用する授業を始めようとしている先生方はもちろん，すでに緒についてはいるものの，もっと効果的な活用法を模索している先生，また，学校における ICT 環境を整える立場にある管理職の先生方，アナログ派もデジタル派も，両方の方々に参考にしてほしいと思います．

本書が ICT の利活用による授業の活性化に役立てば幸いです．

1）文部科学省「平成24年度 学校における教育の情報化の実態等に関する調査結果（概要）（平成25年3月現在）」（2013年9月）http://www.mext.go.jp/a_menu/shotou/zyouhou/__icsFiles/afieldfile/2013/09/17/1339524_01.pdf
2）「日本経済新聞」2012年1月1日
3）「デジタル教科書」推進に際してのチェックリストの提案と要望（2010年）
http://www.ipsj.or.jp/03somu/teigen/digital_demand.html

英語デジタル教材作成・活用ガイド　目次

はじめに......iii

第1章　ICT環境を整えよう〜機器を知る〜......1

1．ICT活用授業を始めよう......2
2．総合的な機器......3
　▶パソコン・タブレットPC......3　▶電子黒板......4
3．提示・撮影する機器......5
　▶プロジェクター......5　▶書画カメラ（実物投影機）......6　▶スクリーン......6
　▶スキャナ......7　▶デジタルカメラ・デジタルビデオ......7
　▶デジタルテレビ......7　▶スピーカー......7
4．ネットワーク環境......8
　▶Wi-Fi，3G/4G回線......8　▶クラウド......8

第2章　ICT活用授業の意義と授業モデル......11

1．デジタル教科書とプレゼンソフトによる手作り教材......12
　▶デジタル教科書とは何か......12
　▶手作りデジタル教材のすすめ......12
　▶デジタル教材の特徴〜板書と比較して〜......14
　▶デジタル教材の授業での効果......15
2．3つのICT活用授業モデル......16
　▶ICTとアナログのハイブリッド授業（ICT：アナログ＝3：2）......16
　▶タブレット端末とデジタル教科書を使った授業......18
　▶国際交流プロジェクト......21
3．新しい教育のために〜テクノロジーの活用〜......23

●基本操作 早わかり......26　　[1. PowerPoint......28　2. Keynote......30]

vii

第3章	基本の教材を作ろう〜基礎編〜..33

Step 1　英文を提示しよう〜基本となるスライドの作成〜......34
　　　　[Keynote編]......40

Step 2　ノートテイキングの手順を示してみよう
　　　　〜文字修飾とスライドショー〜 ......43　[Keynote編]......49

Step 3　教科書の音声を再生してみよう
　　　　〜ハイパーリンクとWindows Media Player〜 51
　　　　[Keynote編]......55

Step 4　音声を貼り付けよう〜オーディオファイルを挿入する〜......56
　　　　[Keynote編]......60

Step 5　画像を貼り付けよう〜写真や図形を挿入する〜......63
　　　　[Keynote編]......66

Step 6　映像を貼り付けよう
　　　　〜ビデオクリップを挿入する〜......68　[Keynote編]......70

Step 7　文字を徐々に消したり出したりしてみよう
　　　　〜アニメーション機能を使って〜......71　[Keynote編]......74

Step 8　ハイパーリンクで世界を広げよう
　　　　〜インターネットやファイルを参照する〜......75　[Keynote編]......78

第4章	アイディアを生かした教材集〜実践編〜..79

作例①　フラッシュカード（1）......80
作例②　フラッシュカード（2）......84
作例③　テキストの反転表示......86
作例④　テキストの一部を隠す（1）......89
作例⑤　テキストの一部を隠す（2）......91
作例⑥　文字が現れては消えていく音読 94
作例⑦　文字が流れていく音読......97
作例⑧　文字を消しながら音声を再生......98

作例⑨　スラッシュ（チャンク）リーディング......100
作例⑩　音声付きのスラッシュリーディング......103
作例⑪　逆さまからイチゴ読み......106
作例⑫　タイマー......109
作例⑬　一覧タイプのフラッシュカード......112
作例⑭　写真やイラストを活用したリテリング......116
作例⑮　入試問題の速読訓練......119
作例⑯　リスニング問題と音声を組み合わせる......121
作例⑰　発音指導サイトにリンクを設定する......123
作例⑱　発音指導サイトから映像を貼り付ける......125

第5章　効果的なICT活用のために......127

1．ICT活用教育についての悩み......128
2．ICT活用教育の効果について......129
　▶実証データから......129　▶「身に付けさせたい力」を見極める......129
3．学校のICT環境をどう整えるか......130
　▶環境整備に必要なこと......130　▶学校におけるICT環境の整備状況......132
4．カリキュラムにどう組みこむか......133
5．ICT活用で陥りやすいトラブルとその対処法......134
6．ICT活用指導力についての問題......135
7．ICT教員研修，人材養成......137
　▶リーダーと支援員の必要性......137　▶教員研修で大事なこと......138
　▶「教育の情報化」促進の要件とは......138　▶管理職研修の実例......140
8．情報モラル教育の必要性......144
　▶著作権とは何か......145　▶違法サイトからのダウンロードに注意......146
　▶情報モラル教育の授業例......147　▶年間計画例......150
9．ICT活用授業とプレゼンテーション......152
　▶プレゼンテーションの力......152　▶ICTを活用した国際交流の意味......153
　▶教師に求められる力......154

第6章　さまざまなICT活用事例集 155

1. 反転授業......156
   - ▶「反転授業」とは......156　▶iTunes U 156
   - ▶Adult Learning Activities......159
   - ▶有料サイト（Blackboardなど）......160
2. Preziを使った実践......160
3. ノートアプリでプレゼン......163
   - ▶Note Anytime......163　▶ロイロノート......165
4. ゲームアプリでボキャビル......168
   - ▶Anagram Academy......169
5. 電子辞書をパソコン代わりに使う......170
   - ▶カシオEX-word（DATAPLUS 4〜8）......170

資料集

- ・ICTを活用した普通学級における特別支援教育の指導案......171
- ・ICT活用授業に役立つウェブサイト（リンク集）......174

おわりに......177　　　索引......179

コラム

1　タブレットPCのOS......4　　2　プロジェクターと映像端子......5
3　ソーシャルメディア......9　　4　SAMR ModelとTPACK Framework......24
5　PowerPointとKeynoteの互換性について......27
6　iPhoneをリモコン代わりにする......32
7　デジタル教材勉強会......139　　8　日本教育工学協会（JAET）......144
9　ネット上で著作権侵害をしないために......147
10　情報モラル教育の教材......150　　11　アナグラムを探すサイト......169

1

ICT環境を整えよう

～機器を知る～

1. ICT 活用授業を始めよう

　ICT を活用した授業には，さまざまな機器が使用されます。まず，それらを使うことにより何ができるのか，どのような場面でどのように使えばいいのかを，英語の授業を想定しながら確認していきましょう。教室や学校にすでに何らかの機器が用意されているケースもある一方で，これから新しく ICT 環境の整備に取りかかる学校も多いでしょう。いずれの場合にも，大切なのは機器の特徴を知り効果的に活用することです。どんな授業を行いたいのかによっても必要なものがちがってきます。

　まず，いま学校や教室に何があってそれで何ができるのか，これから始める場合には最低限何が必要か，どのような組み合わせが考えられるのか，などを確かめてみて下さい。

　次のイラストは，ICT 機器を設置した教室での授業風景です。電子黒板を利用した授業（配線がわかりやすいように描画しています）で，生徒はタブレット型端末を使いながら協働学習を行っています。

以下で，それぞれの機器や設備の選択のポイントや，英語授業での役割について見ていきましょう。

| 2. | 総合的な機器 |

▶──パソコン・タブレットPC

ICT活用教育では，パソコンは必須です。デスクトップ型，ノートブック型，タブレット型などがあります。学校で共用のパソコンがデスクトップの場合や，職員室から持ち出し不可の場合などは，授業用のノートブック型PCまたはタブレット型PCが必要になります。

タブレット型多機能携帯端末（タブレット）は，薄型の携帯コンピューターです。キーボードで入力する通常のノートパソコンの機能に加えて，ペン入力や縦横に回転するディスプレイなど，タブレット独自の仕様を盛り込んだ「コンバーチブル型」，本体とタッチパネルモニターが一体となって指で操作するiPadのような「スレート型」，スレート型に取り外し可能なキーボードが付属した「セパレート型」の3種類があります。

パソコン，タブレットPCの用途としては，事前準備としての教材研究や教材作成はもちろん，授業中も大活躍します。プロジェクター（または電子黒板）につないで教科書の本文やインターネット画面等を提示する，スピーカーにつないで音声を流すなどのほか，生徒がタブレットを持っている場合は，生徒端末への指示，生徒の端末からのデータ収集などさまざまです。

先生と生徒の両方がタブレットを持っている場合は，例えば，事前に生徒のタブレットに教科書本文のファイルを配布しておき，先生のタブレットでは，同じファイルに解説を記入しておきます。それをスクリーンに投影すれば，生徒は自分のタブレット上のファイルにノートをとることができ，さらにそれを保存し，自宅で復習に使うことが可能となります。また，グループに1台あれば，グループごとに意見や作品をまとめ，それを共有

フォルダにアップロードして，他のグループと意見を共有することもできます。英語授業や英語学習に使えるアプリもたくさんあります。タブレットは，起動が早く操作も簡単なため，今後，授業での活用例も増えてくると思います。

---

column・1

タブレットPCのOS

　コンピューターシステム全体を管理するソフトウェアのことをOSといい，広く利用されているものには，マイクロソフト社の「Windowsシリーズ」やアップル社の「Mac OS X」などがあります。企業などが使うサーバ向けのOSとしてはLinuxなどのいわゆるUNIX系OSなどがあります。

　タブレット用のOSは大きく2種に分かれます。**iOS**は，アップル社が製造・販売していて，iPhone，iPadなどに搭載されています。**Android**はグーグル社が開発したもので，このOSを搭載したタブレット端末は，国内外のメーカーがさまざまなスタイルのものを製造・販売しています。この他，Windows 8を搭載したモデルもあります。互換性はないので，それぞれのOSに対応したアプリが必要になります。

▶――電子黒板

　「インタラクティブホワイトボード（IWB）」や「電子情報ボード」とも呼ばれています。英語では，electronic board や electronic drawing board などが一般的な呼称です。主に「ユニット型」，「ボード型」，「一体型」の3つのタイプがあって，パソコンとつなぎ，プロジェクターを使って画面を大きく投影します（一体型はプロジェクター不要）。文字，イラストなどをボード上に書き込むことができ，それを保存することもできます。

　画像・音声・映像のすべてのメディアを利用できるものが多く，インターネットに接続してあれば，パソコンのようにも使えます。

　英語の授業では，英文を提示しながら音声の再生もでき，生徒の視覚や

聴力にシームレスに訴えかけることが可能になります。デジタル教科書だけでなく，プレゼンソフト，画像，インターネットや動画を適宜組み合わせて使うことにより，さらに生徒の興味を引き，集中力を高めることができるでしょう。

3.	提示・撮影する機器

▶──プロジェクター

　プロジェクター選択の条件はいくつかありますが，明るさと接続端子について特に注意が必要です。明るさ（ルーメン）については，普通教室で使用する場合，2,500ルーメン程度でも可能ですが，カーテンや暗幕がない場合は3,000ルーメン以上がお勧めです。機種によって，パソコン等と接続する端子が異なります。自分のパソコンと接続できるかどうか確認することが必要です（下記コラム参照）。

---

column・2

プロジェクターと映像端子

■アナログ RGB 端子（D-Sub 端子）
　映像を R（赤），G（緑），B（青）の３色に分解して転送するアナログ端子です。コネクタには，ミニ D-Sub15 ピンと呼ばれる規格が用いられており，プロジェクターにはたいてい装備されている端子になります。多くのパソコンが，D-sub（アナログ）とデジタル端子の両方に対応していますが，最近は，デジタル端子のみのパソコンもあります。パソコンのデジタル端子とプロジェクターの D-Sub 端子をつなぐ場合は，変換用のケーブル（アダプタ）が必要になります。

■DVI 端子（DVI-D 端子）
　映像に対応したデジタル端子で，アナログ端子よりも鮮明な表示が可能です。この端子が搭載されていないノートパソコンも増えていますが，変換用のケーブルを使うことで HDMI 端子や D-Sub 端子との接続もできます。

また，変換用のケーブルを使っても音声が転送できない場合があるので注意が必要です。
■ HDMI 端子
　映像と音声に対応したデジタル端子で，地デジテレビなどに採用されています。DVI 端子の発展型であるため DVI 端子への変換ケーブルも多く販売されています。コネクタが小さいので，サイズに制約があるノートパソコンでは普及が進んでいるとともに，HDMI 対応のプロジェクターも増えています。

▶──書画カメラ（実物投影機）

　書類や立体物をカメラで撮影して，テレビモニターやスクリーンにそのままの画像で映し出す装置です。かつて使われていた OHP との違いは，OHP はそれ単体でスクリーンに投影できるのですが，実物投影機の場合はあくまでも固定カメラという位置づけで，映像を映し出すためには別にプロジェクター（またはモニター）が必要になる点です。画像や映像を取り込むだけなら，デジタルカメラでもスキャナでも可能ですが，書画カメラのメリットとしては，時間をかけずに取り込むことができ，提示にも時間がかからないことです。
　英語の授業では例えば，生徒が書いた英作文をすぐに映し出し，全員の前で添削したり，解説したりすることが可能になります。

▶──スクリーン

　プロジェクターとスクリーンまでの距離（焦点距離），設置する場所や明るさなど環境によって大きさや形状を検討します。マグネットタイプや高さ調整ができるもの，3Dに対応するものなどを用途に応じて選びます。
　備品として教室にない場合には，黒板に模造紙を貼る，白い壁面を利用するなど工夫することもできます。黒板にそのまま投影できる場合もあります。また，静電気で黒板や壁に貼り付く，使い捨ての携帯シートなど安

くて便利なものもあります。

▶──スキャナ

スキャナは，小型のコピー機のような形状で，パソコンとつないで使用します。授業の資料や文書，生徒の作品などをスキャンして，パソコンにデジタル画像として保存できます。保存した画像は，教室で提示するほか，他校と交流学習する際メールで送ったり，インターネット上の共有フォルダに保存して，生徒が自由にアクセスできるようにすることも可能です。また，デジタル化しておけば，先輩の作品を次の学年の生徒に見せる場合も取り扱いが簡単です。

▶──デジタルカメラ・デジタルビデオ

ペアワークやグループワークを撮影して振り返りに使ったり，生徒作品の作成（英語の学校紹介，海外へのビデオレター等）を行います。最近では，タブレットPCで撮影し，そのまま保存，またはインターネット上にアップロードしてクラスで共有するケースも増えています。

▶──デジタルテレビ

デジタルテレビは，アンテナケーブルを使えばテレビ放送を見ることができます。パソコン，ビデオデッキ，ビデオカメラ，書画カメラなどを接続することもできます。

▶──スピーカー

スピーカーは，最近は小型のものでも性能がよく，教室での使用に耐えるものが増えています。Bluetooth（近距離の無線通信）対応のスピーカーなら無線で音声を飛ばすことが可能で，配線の手間が省けます。スピーカーは，電子黒板やプロジェクターに内蔵されている場合もあります。

4. ネットワーク環境

▶ **Wi-Fi，3G/4G 回線**

　Wi-Fi（ワイファイ）と3G/4Gは，タブレット型端末やスマートフォンの主な通信方式です。インターネットにつなぐ場合はこれらの回線を利用することになります。3G/4Gは通信できる範囲が広く，通話とデータ通信両方に使われているのに対し，Wi-Fiはデータ通信のみです。通信速度は一般的にWi-Fiのほうが速いのですが，インターネットにつなぐ場所や用途によって変わります。タブレットには，3G/4GとWi-Fi両方に対応しているものと，Wi-Fiのみ対応のものがあります。

　学校内では，Wi-Fiにより相互接続性が保証されているアクセスポイント（無線LAN）があると，アクセスポイントの対応範囲ならどこでも手軽にインターネットを利用することが可能になります（セキュリティシステムは必要）。その場合には，タブレットはWi-Fiモデルでよいでしょう。校外で使うケースが多い場合は3G/4G対応が便利です。

　ノート型のパソコンもWi-Fi対応のものがほとんどで，最近は，ネットワークの高度な知識がなくとも，迷うことなく無線LAN環境を設定し，利用できるようになっています。

▶ **クラウド**

　データを自分のパソコンや携帯電話ではなく，インターネット上に保存する使い方，サービスを「クラウド」と呼びます。自宅，会社，学校など，さまざまな環境のパソコンや携帯電話からでもデータを閲覧したり，編集やアップロードをすることができます。教育では授業支援（例えば，e-Learning）や校務支援（職員室のデジタル化）が可能になります。すでに導入している教育委員会や学校もあります。

　アップル社のクラウドがiCloud（アイクラウド）です。iPhoneや，iPad，iPod，パソコンの「マック」などで自動的に共有をすることができます。

Dropbox（ドロップボックス）など，インターネット上に自分だけのハードディスクを持つことができるサービスも有用です（p.40コラム参照）。職場で作ったファイルを家で閲覧したり，修正したりできます。設定や使い方も大変簡単です。これらを用いて教員同士でフォルダを共有すれば，誰かが一度作成した教材などのファイルを離れていても利用することができますし，さらに活用して工夫を重ねて編集することも可能になります。

column・3

ソーシャルメディア

　インターネット上で行われる個人の情報発信や複数の人とのコミュニケーションを含んだメディアのことで，電子掲示板（BBS）やブログから，最近ではWikiやSNS，ミニブログ，ソーシャルブックマーク，ポッドキャスティング，動画共有サイト，動画配信サービス，ショッピングサイトの購入者評価欄なども含まれます。

　教育現場でも最近，先生同士あるいは先生－生徒間の交流（例えば質問と回答など）や議論展開が生まれています。学校教育にブログを導入したことで，生徒から活発な意見が出てくるようになった，またこれまでは先生と1人の生徒の間で閉じていたやりとりを，他の生徒にもオープンにすることで，生徒は自分の意見を「先生に見てもらうこと」だけでなく「他の生徒にも見てもらうこと」も意識するようになった，という事例もあります。グループ学習や協働学習（海外の生徒とは特に）でも効果的に活用できます。

2
ICT活用授業の意義と授業モデル

1. デジタル教科書とプレゼンソフトによる手作り教材

　前章では、ICT活用授業で揃えるべき機器や環境について紹介しました。ここからは、いよいよ、機器（ハード）で使用する教材（ソフト）について詳しく見ていきましょう。

▶──デジタル教科書とは何か

　デジタル教科書とは何か、という場合、いくつかの考え方があります。文部科学省は大きく2種類、すなわち「指導者用デジタル教科書」と「学習者用デジタル教科書」に分けています。

　「指導者用デジタル教科書」は、主に電子黒板に投影して使用するもので、これまでは小中学校が中心でしたが、徐々に高等学校でも活用が進んでいます。内容的には、まず教科書全体がそのままのレイアウトで収められています。使用している先生方が最も評価しているのは「教科書どおりに拡大表示ができること」だそうです。その他にも、音声を聞いたり、画像を動かしたり、画面に書きこんだり、参考動画を見たりすることができ、リスニングスクリプトや練習問題の解答例など、補助的な資料も表示できるようになっています。その多機能ぶりは驚くばかりです。

　「学習者用デジタル教科書」については、例えば「電子書籍端末やタブレット型端末のようなデバイスの中に全教科の教科書が入っているもの」と考えるとよいと思います。子どもたちが1人1台持って使用することが想定されていて、画像や、音声、動画など、マルチメディア資料を豊富に加えることで、紙の教科書よりも、より理解しやすくなることが期待されているのです。

▶──手作りデジタル教材のすすめ

　さて、この本で紹介するのは、プレゼンソフト（PowerPointとKeynote）で作成する指導用の教材です。「指導者用デジタル教科書」の内容を、部分的に自分の授業に合うように手作りする、というイメージです。デジタ

ル教科書が普及してきた今日，なぜプレゼンソフトを使用した手作り教材が必要なのか，と疑問に思われる読者もおられるでしょう。それについては，デジタル教科書を使った現場の先生方からの以下のような感想でお答えしたいと思います。

・デジタル教科書は複雑で（特に初心者には）使いこなすのがたいへん
・自分なりのアレンジができないため，自分の授業に合わない
・展開がパターン化されているため，回を重ねるにつれて生徒が飽きてくる
・電子黒板とパソコンが前提なので，ハード面の整備が追いつかない
・デジタル教科書を自分のパソコンでどこまで使えるかが問題
・起動時間をできるだけ短くしたいが，容量の問題もあり，データや内容が多くなると遅くなることがある　…等々

これらの声には，より使いやすいデジタル教科書ソフトの登場やハード面の整備で徐々に応えていけるのかもしれません。ただ，その場合でも，やはりプレゼンソフトの手軽さ，使い勝手の良さは貴重です。

プレゼンソフトによる教材のメリットは，

・パソコン初心者でも作成しやすく，授業中の操作も簡単
・自分の授業スタイルに合わせてスライドを作成すれば，スライドに沿って話をすることが可能で，授業が進行しやすい
・重要なこと，伝えたいことだけを確実に伝える（教える）ことができる
・再活用しやすい（内容をレポートにしたり，編集したりすることが簡単）
・（デジタル教科書と同様に）言葉だけでは伝えにくい内容を視覚的に伝えることができる
・ハード面でも手軽（ノートパソコン，またはタブレットPCにプレゼンソフトで作った教材を入れておけば，プロジェクターと壁（またはテレビモニターやスクリーン）さえあれば表示が可能）

などです。もっとも重要なのは，自分の授業に合った教材を作成できて，必要ならそれをいつでも自分で修正できる，ということだと思います。

もちろん、デジタル教科書とプレゼンソフト両方を使う場合もあります。デジタル教科書の特定の場面について、さらに詳しい説明をプレゼンソフトで実施するとより理解が深まります。

▶──デジタル教材の特徴　～板書と比較して～

　ここで、ちょっと立ち止まって、デジタル教材の特徴を、従来の板書と比較してみましょう。チョークと黒板、マーカーとホワイトボード、いずれにせよ手書きですから、教師が注意すべきは生徒にわかりやすく書くことです。当たり前のことですが、具体的には次のような点が挙げられるでしょう。

　丁寧に／手際よく／レイアウトを考えて／文字の工夫（色・大きさ・形など…）／線の工夫（線種・色など…）／記号やイラストを適宜交える／消すタイミングや残し方／マグネットなどの小物も使い　etc.

　板書は、ライブ活動と言えます。何もないところに文字や線が現れるわけで、最初から書かれたものをただ提示するのとはわけが違います。そこには、先生の独自性──味のある文字形態、独特な書き方、生徒を見ながらでも書ける職人芸、効果的にイラストを描ける能力など──に加えて、タイミング、リズム、スピードなどを通し、授業のダイナミズムは生まれます。筆者自身の体験でも、記憶に残る先生の板書があります。デジタル教材やICT活用授業と比較して、従来の教授法の優位性を説く人は、このライブ感を重視するのだと思います。

　一方で、手作りデジタル教材の活用は、個性のある文字はなく（作ることも可能ですが）世界基準のフォントがすべてだから、先生のオリジナリティが出ないと感じるかもしれません。しかし、メリットとして次のようなことがあります。

・均一の分かりやすい文字が提示できる
・手書きでは難しかったり不可能だったりする文字装飾が簡単にできる
・文字を動かせる
・提示したものをすべて保存できる（プリントして配付資料にできる）

・画像や音声など，複数の素材をまとめて提示できる

こうしてみると，先生の個性が発揮される板書のダイナミズムは望めないものの，デジタル教材ならではのメリットも大きいと言えると思います。

▶───デジタル教材の授業での効果

さらに，授業の進行上，板書にはないさまざまな効果が期待できます。

まず，授業の時間配分についてです。スライドごとに時間配分を決めておけば時間通りの授業展開が可能になります。スライドに沿って授業を進めていけばよいので，伝え忘れもなくなり，どのクラスでも均質な授業を行うことができます。

時間短縮にもつながります。すでに用意してあるスライドを提示するので，板書に当てていた時間を短縮できます。短時間で多量の問題の解説をする必要があるときには特に有効で，テンポよく問題表示と答え合わせができ，スピード感，リズム感をもって授業を進められます。あまり時間を割けない背景説明などもビジュアルとともに短時間で行うことができます。スライドの切り替えをリモコンで行えば，教壇にいる必要がなくなり，机間巡視をしたり，生徒のノートを直接見て指導したりでき，先生の機動性が増します。

また，あらかじめ補充問題などのスライドを準備しておけば，予備の紙プリントを授業に持参することなく，急な空き時間などに対応できます。

生徒の集中を保つためにも有効です。同じパターンの問題を解く場合など単調になりがちなときも，アニメーションなどの視覚的効果を使えば生徒を飽きさせません。文法の解説なども，画像や映像を組み込めば，生徒の注目度も上がります。視覚的に説明できるので，生徒の理解が深まり記憶に残ります。

一度作ったスライドはそのまま保存できるので，複数のクラスで繰り返し実施でき，必要なら再編集も可能です。授業の内容を見直したり，配付資料を作成することも容易になります。

このように，デジタル教材を使った授業は，教える側にも学ぶ側にも，

大きなメリットがあります。一方で，授業を始めた当初はさまざまな問題にぶつかることもあるでしょう。ICT 活用授業の効果的な進め方や，授業を進めていく上で陥りやすい問題点とその対処法については，第5章で詳しく触れますが，ここでは，メリットを理解した上で，まずはできるところから始めることをお勧めします。

では，実際にどのような授業ができるのか，次に典型的な例を3つご紹介します。

2. 3つの ICT 活用授業モデル

▶── ICT とアナログのハイブリッド授業（ICT：アナログ＝3：2）

まず最初は，普通教室で行った1時間の授業例です。☐で囲んだのは，本書で取り上げる PowerPoint スライドを使用した部分です。

電子黒板やパソコン等が設置済みの特別教室がなくても，普通教室に，授業のたびに機器を持ち込めば ICT 活用授業は可能です。プロジェクターの設置など，準備時間がタイムロスと感じるかもしれませんが，ビデオやハンドアウトなどを用意し，生徒に隙間の時間にスピーディーに活動をさせることで解決します。また，すべてを ICT に頼ることなく，黒板を併用します。提示画面の変化が ICT の特性ですが，黒板のよさは書いたものが消えないということです。重要なことを書いたまま残しておくことのメリットも忘れないようにしましょう。この授業での ICT 使用時間は5分の3程度です。あくまでも生徒のやる気を出させるための ICT 活用だということを忘れてはいけません。

環境：普通教室（TV，プロジェクター，黒板，スクリーン）
教科：高校「リーディング」（150 〜 200語程度の1課分）〔50分授業〕
1．導入（復習とウォーミングアップ）〔5分〕
　新出単語・フラッシュカードのビデオ（p. 80, 84参照）

○ Watch & Read：前回までの既修単語・熟語＋今回の新出単語・熟語…映像提示中は机間巡視。既習事項に加え新出単語を見せておく。説明はなし。

２．活動

① スキミングの練習〔５分〕：本文をスクリーンに映す（p.119参照）＋ハンドアウト…機能語（function words）を塗りつぶし，内容語（content words）だけのハンドアウトで，まず黙読させる。その後，教師先導で「１語読み」（１語１語丁寧に読んでゆく）を少なくとも２回。前を向かせるためにスクリーンにシートを映し出す。まだチャンクは意識させない。

② 英問英答〔５分〕：yes / no の簡単な質問から，who / when / where 程度の質問を２～３題。after / before などの重要な情報を持つ前置詞もあえて消しておき，質問に答えられないものも準備することで，機能語の重要性も認識させる。内容語だけの文章でもある程度意味がつかめることで，スキミングの意味がつかめる。

③ スラッシュリーディング〔５分〕：本文を映しながら音声を流す（p.100, 103参照）…チャンクで切った音声教材で，文字情報はスクリーンに提示し，コーラスリーディング。２～３分時間を取って，自分なりにスラッシュを引かせてもよい。間違いは，音声を流すか，教師の朗読でチェックをさせる。Read & Look up をするが，負荷をかけるために，文字

テレビモニターとスクリーン，板書を併用した授業

の反転や，文字を消していって追いかけさせるなどの，アニメーション機能を適宜活用する。文字が現れては消えていく音読 (p.94参照)

④ペアワーク〔15分〕：ペアになって交互に読みあう。片方が音読，片方が発音チェック。また，「追いかけ読み」や，「サイトトランスレーション」などを使い，読みを深める。教師はこの間，机間巡視。

3．説明と新しい教材の提示〔10分〕

本文にノート記入例を加えたスライドを提示する (p.43参照)…文法などの解釈を説明。色や文字変化などの工夫で知識の定着を図る。リモコン操作で，机間巡視しながら，ノートのとり方をチェックする。

4．まとめ〔5分〕

新出単語・フラッシュカードのビデオ (p.80, 84参照)…授業開始時に使ったフラッシュカードのビデオを再度見せる。机間巡視しながら発音チェック。

▶──タブレット端末とデジタル教科書を使った授業

　生徒にタブレット端末を持たせて授業を行う場合，次の3種のICT活用の形態が考えられます。

　　1．一斉（教師による）　　2．協働　　3．個別

　必ず授業前に，どの形態で使用するかを確認しておく必要があります。そうでなければ子どもたちも混乱します。もちろん，それぞれを組み合わせて取り組むことも可能です。

　以下には，生徒がタブレットをもって，学習者用，指導者用両方のデジタル教科書を活用した1時間の授業例を紹介します。上記の3つの形態のどれに当たるかをそれぞれ明記しています。（資料：2012年6月21日「読売新聞」教育ルネサンス「英語で教える（10）パソコン 意欲引き出す」）

環境：学習者用デジタル教科書を，iPadに入れて，生徒2人に1台。教員のiPadには，指導者用デジタル教科書が入っていて，それをプロジェクターでスクリーンにも投影しています。板書用に電子黒板を別に

使用します（黒板でも対応可能）。（※デジタル教科書にはPowerPoint版（ほぼ同機能）も用意されているが，今回はiPad版を使用した。また，実際は40台のiPadにデジタル教科書が入っているが，今回はペア学習のため，2人に1台という設定にしている。）

教科：コミュニケーション英語I

教科書：*Power On Communication English I*（東京書籍）

単元名：Ogasawara—A Laboratory of Evolution

[一斉事例]

① Oral Introduction〔2分〕

・導入として教科書の写真解説。手元の写真を見ながら導入の英語を確認。

② 本文音読 （スピードは3段階）〔3分〕

③ サマリー確認〔2分〕

④ 新語確認〔6分〕

・フラッシュカード機能（英語，日本語，英語→日本語）と表示間隔を利用して一斉形式で確認。（音読練習含む）

[協働事例]

・少し時間をとり，ペアで練習，確認。

[一斉事例]

⑤ 本文内容確認〔10分〕

・スラッシュリーディング機能を用いて一斉形式で確認。

[協働事例]

・（音読練習含む）ペアで英語のあとに日本語という形で練習，確認。

・1文表示機能（上段に英語，下段に日本語）を用いてまとまりでの理解。

⑥ 文法確認〔10分〕

[一斉事例]

・このパートでは間接疑問文を学習。電子黒板を用いて解説。

[個別事例]

・その後，練習問題を解かせる。特に並べ替え問題はデジタル教科書にあ

る問題を用いて指で語を動かせて視覚的にも理解。また，Practiceから数問ピックアップして反復練習。

⑦ 他の項目〔15分〕

1．Communication

〔一斉事例〕

・パート1ではmaybeやmayなどの推論の表現を例題を通して確認。

〔協働事例〕

・ペアレッスンもダイアログで実施。

2．Reading Aloud

〔協働事例〕

・パート1の要約問題をペアで回答。

3．Work Menu

〔個別・協働事例〕

　確認テストをペアで学習。ここで教師から各生徒のiPadにKeyを送信する（一斉送信機能*）。受け取ったペアはKeyが開き，そのボタンを使うことにより解答や全文模範日本語訳を見ることができる。

　＊教員のメモも一斉に送信することができ，生徒は受け取ったメモを編集して先生に再度送り返すこともできます（ネットワーク環境が必要）。

先生と生徒がそれぞれタブレットPCを持ち、同じ画面がスクリーンにも表示されている

⑧ Challenge　課題〔12分〕

[個別事例]
・教科書の補充問題や作文問題を課題として提示。

＜デジタル教科書を使った授業の効果と課題＞（振り返りとして）
・自分のペースで音声や動画を簡単に再生でき，英語が身に付きやすくなるよう工夫されている。
・動画や音声での説明や資料を生徒が見ることにより，紙の教科書ではできない「わかりやすい説明」が可能。
・さらに，それらを生徒が「自分で操作できる」こともわかりやすさを助ける。
・生徒相互の学び合いをより豊かにし，コミュニカティブな学習ができる。
・副産物としてメディアリテラシーが身に付く。

＜今後の課題として＞
・キーボードがないタブレットの場合，打ち込みの操作がしづらい。
・ネットワーク環境がない場合の対応をどうするか。
・ノート指導をどうするか，板書をどのように活用するか。
・電子黒板とデジタル教科書はまったく違うツールなので，メリットを活かすような授業のデザインが必要。

▶───**国際交流プロジェクト**

　３例目も，生徒がICTを活用する事例ですが，これは通常授業ではなく，生徒がICTを駆使しながら，国際交流に必要な基礎的な力を育む年間プロジェクトです。教科で育んだ力を交流プロジェクトで実践・発揮し，それをまた教科で発展していけるように意識して計画・実施しています。（ICTを活用する内容は□で囲みました）

　考える力や調べる力，コミュニケーション力，コラボレーション力，課題発見・解決力，プレゼンテーション力，創造力，ICTスキルなど，交流に必要な力を育成します。海外と直接やりとりすることもありますが，

その場合は英語を使っての交流となります。英語で資料を作成したり，英語でプレゼンテーションをする場面も出てきます。

環境：デスクトップ型PC，ノートPC，タブレットPC，ペンタブレットを組み合わせてグループでも個人でも活用できる状態

教科：「情報」「総合的な学習の時間」

プロジェクト内容：ユネスコ・世界寺子屋運動（貧困や戦争などで学校に行けず，読み・書き・計算など，生活の基盤となるリテラシーを身につけられない子どもたちを，学びの場（寺子屋）を建設することで支援する運動。unesco.jp/contents/tera）に参加し，書きそんじハガキの提供や募金を呼びかけるためのリーフレットをつくり，そのリーフレットを使って寺子屋建設のための支援活動を行う。

1年を下記のように4つのフェーズに分け，段階的に学べるよう構成しています。

①学びのフェーズ（4～7月）：

ユネスコやユネスコ・世界寺子屋運動について，ウェブを調べたり，ゲストティーチャーから話を聞いたり，ビデオを見て学ぶ。子どもたちにリアルで必然性のある課題を与え，自分たちの生活を振り返りながら自分にできることは何かを自問し，切実感や使命感に突き動かされて取り組む場をつくりだす。

　　　コンピュータの基本操作，インターネット上の情報を検索・分析・判断

②創作のフェーズ（8～11月）：

自分の思いを伝えるリーフレットを制作。ラフスケッチからブラッシュアップの過程を経て完成に至るリーフレット制作の過程で，自分が伝えたいことは何なのか，誰に伝えたいのか，何のために制作するのか，伝える相手や目的を常に意識し，考えながら自分なりの発想や工夫をしていく。

　　　　　　　　　　　　　　　　　　　画像編集ソフトの操作

③活動のフェーズ（12～2月）：

リーフレットを活用し，書きそんじハガキ回収の活動を校内と地域で展開。自分たちの制作したリーフレットが，実際に誰かの，そして何かの役に立つと実感できる，社会とのつながりをもった学習活動のなかで，子どもたちの自己実現や自己変革が促される。
④振り返りのフェーズ（3月）：
　活動全体を通して学んだことを振り返り，PowerPoint などにまとめて発表する。　　　　　　　　プレゼンテーション・ツールの操作

3. 新しい教育のために ～テクノロジーの活用～

　先に3つのICT活用授業モデルをご紹介しましたが，普通教室での身近なICT活用から，徐々に発展的，本格的な事例になっています。この3例から，ICT活用教育の進んでいく方向が見えてくると思います。

　テクノロジーの教育現場での活用について，近年注目されている基本的理論が2つあります。ひとつはSAMR Model，もうひとつはTPACK Frameworkと呼ばれるものです。SAMR Modelは，授業などでテクノロジーを利用する場合，それが従来の教え方や学び方とどういう関係や影響があるかを示すものです。一方のTPACK Frameworkは，効果的にテクノロジーを使って，授業を展開するための基本的な知識をまとめたものです（次ページコラム参照）。

　いまやICT活用なくして授業デザインを考えることは不可能な時代になったといっても過言ではないでしょう。さらにはICT活用は従来の教え方や学び方の「代用」ではなく，新しいフェーズでの議論をし，発展・進化させていく必要があるのです。

SAMR Model と TPACK Framework
～学びや，教授法の新しいユニバーサルデザインを目指して～

■ SAMR Model

アメリカの Ruben R. Puentedura 博士が提案しているもので，授業などでテクノロジーを利用する場合，それが従来の教え方や学び方とどういう関係や影響があるかを示すものです（下図参照）。図の上位ほど発展したものになります。

大きく Enhancement（強化）と Transformation（変換）の段階に二分され，下位の「強化」は，さらに Substitution（代用）→ Augmentation（改良）の順に進化します。「電子黒板」vs「黒板」とか，「電子辞書」vs「紙の辞書」などの論争は，ICT 活用が，SAMR Model での「代用」のレベルにとどまっているから起きるのだと思います。それでは「黒板でいい」「紙の辞書でいい」で終わってしまいます。SAMR Model によれば，デジタル教科書も紙の教科書が PDF などのデジタル媒体になっただけでは意味がなく，授業形態も含めた教育方法の新しい再デザイン化が求められるのです。

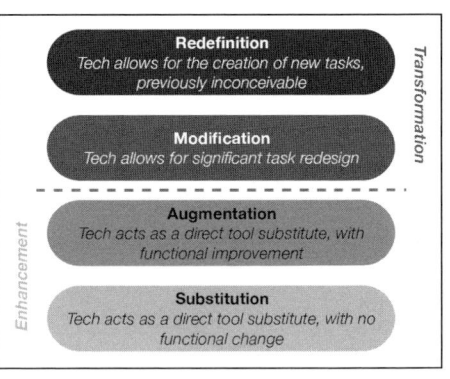

SAMR Model

■ TPACK Framework

TPACK Framework は，ミシガン州立大学の Punya Mishra & Matthew J. Koehler により，2006年に発表されました。テクノロジーを使って効果的に授業を展開するための基本的な知識をまとめたもので，3つの知識を基礎として，それぞれの知識がばらばらではなく，それぞれを補完させながら組み合わせて，効果的な授業を展開するための枠組

みです。その中央に来るものを，それぞれのフィールドの頭文字をとってTPACK=Technological Pedagogical Content Knowledge と呼んでいます。次の３つの知識です。

1．Content Knowledge（CK）　　教える内容についての知識
2．Pedagogical Knowledge（PK）　教え方に関する知識
3．Technological Knowledge（TK）　テクノロジーに関する知識

　スマートフォン，タブレットなどテクノロジーが普段の生活の中にも浸透している今，知識がある人（先生）から教わるという学習スタイルはもはや通用しません。しかし，教え方が，生徒の理解を左右することはだれも否定しないでしょう。21世紀になって特にテクノロジーの知識が教科指導でも大切になってきたのです。英語教育のみならず，すべての教科科目で，上記３つの知識をバランスよく兼ね備えた授業展開が必要な時代になったと思います。

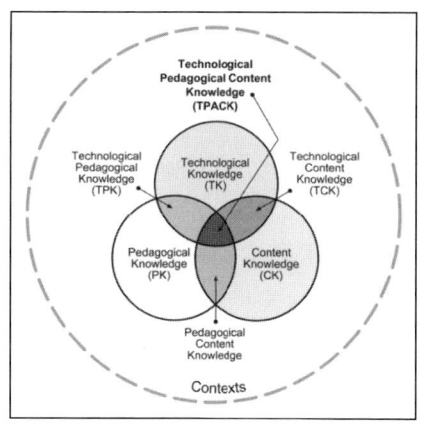

TPACK Framework

〔資料〕
・http://www.hippasus.com/rrpweblog/archives/2014/01/31/SAMRAnAppliedIntroduction.pdf
・http://www.tpack.org/

● PowerPoint / Keynote
基本操作 早わかり

　プレゼンソフトは，正式には，プレゼンテーション・ソフトウェアといい，スライドショー形式で情報を表示するためのソフトです。文字情報を編集・配置する機能，画像・音声・映像情報を編集・配置する機能，スライドショーを含む内容表示機能などがあります。

　本書では，代表的なプレゼンソフトを2つ紹介しています。ひとつはPowerPoint（パワーポイント）です。PowerPointは，マイクロソフト社のOfficeに搭載されたプレゼンソフトで，プレゼンテーションに必要な「わかりやすい資料」の作成を補ってくれる総合的な機能を持っています。「アニメーション」機能を使って文字を動かしたり，画像，音声，映像を貼り付けて作成した複数のスライドを紙芝居のように切り替えて提示することができます。

　ビジネスシーンでは定番のソフトウェアですが，教育現場でも使われるようになりました。絵や映像を使って，授業内容をわかりやすく説明することは従来から行ってきた工夫ですが，そうした教材を，PowerPointを使ってデジタルとして統合することで，効率のよいシームレスな授業展開ができます。2014年6月現在，最新版はPowerPoint 2013ですが，本書では，今現在もっとも広く活用されていると思われるPowerPoint 2010に主に基づいて記述し，2013で大きく変わった部分については，必要に応じて解説しました。

　もうひとつはKeynote（キーノート）です。Keynoteは，アップル社が開発している，OS X / iOS用のプレゼンソフトです。オフィスアプリ

ケーション統合パッケージ iWork に含まれています。その演出の派手さ，楽しさ，そして操作のシンプルさが人気です。アプリ（iPad, iPhone 両方に対応）もあり，簡単な操作手順でスライドを作成できます。本書では，教室での使用が増えている iPad（iOS）で作成する方法を扱います。

Keynote の基本的な機能は，PowerPoint と同じですが，iPad では，画面に直接触れて，文字や画像のレイアウトができるので，マウスやキーボードだけの操作より扱いやすいと思います。

Keynote は PowerPoint との互換性もあり（下記コラム参照），パソコンで作成した PowerPoint ファイルを Keynote で読み込んで使うこともできます。作成はパソコン，教室でのプレゼンは iPad，ということも可能です。

第3章「基本の教材を作ろう 〜基礎編〜」では，まず，PowerPoint での作成について解説し，同じものを Keynote で作る場合はどうすればよいか，という順で記述しています。

まず，それぞれのソフトの，是非とも知っておきたい基本的な使い方を紹介しましょう。

---

column・5

PowerPoint と Keynote の互換性について

PowerPoint で作成したスライドを Keynote で読み込む場合，必ずしもすべてがそのまま再現されるわけではありません。機能別に，互換性があるかどうかリストにしたものが，アップル社のホームページで公開されていますので参考にしてください。（www.apple.com/jp/apps/iwork/keynote/compatibility.html）

テキストやグラフは，ほぼそのまま読み込みますが，スライドや画像のサイズなどは互換性がないので注意が必要です。

なお，2014年3月に iPad 版 Office がリリースされました。2014年6月現在，日本では未発売ですが，日本でもリリースされれば，パソコンで作成した PowerPoint のスライドを iPad でそのまま表示することが可能になるでしょう。

1. PowerPoint

1. PowerPointを立ち上げる

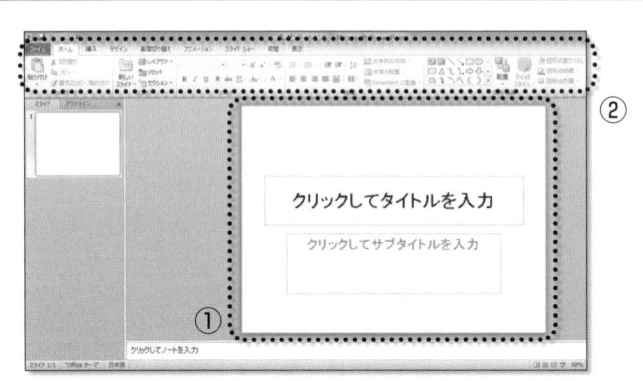

▲ ①の部分が作業画面になります。点線で囲まれた枠を「プレースホルダー」といい、Wordと同じ要領で文字を入れていきます。②文字修飾、図形の挿入等は、Wordと同じように画面上部の「リボン」から選択します。

2. 文字修飾など

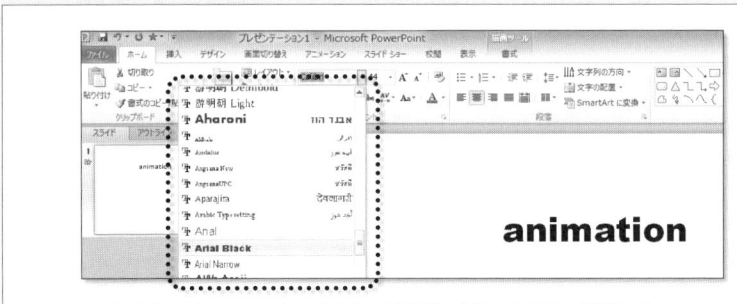

▲文字サイズ、フォント、色などの変更は、Wordと同じ要領です。

3. アニメーション

　文字を動かしたりしたいときは、作業画面上部にあるタブから［アニメーション］を選びます。

▲［アニメーション］タブを選択します。

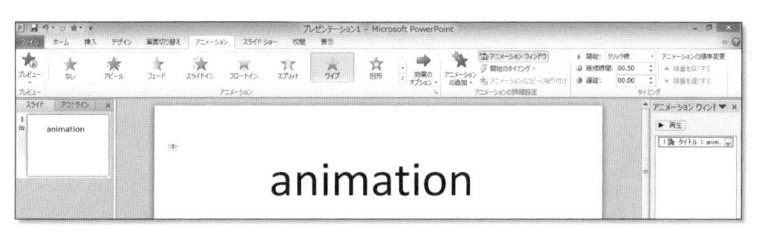

▲［アニメーション］のリボンが開いたところ。

　アニメーションは，4つの用途があります。
- 開始…アニメーションがスタートすると動きながら「登場」するものです。
- 強調…アニメーションがスタートすると動き出します。
- 終了…アニメーションがスタートすると動きながら消えていきます。
- アニメーションの軌跡…設定した線の跡をたどるように図形を動かすことができます。

　4つの用途には，それぞれ様々なアニメーション効果があります。例えば本書で使用した効果には以下のようなものがあります。
- ［ワイプ］（開始・終了）…拭き取るように現れたり消えたりします。
- ［スライドイン］（開始）…スライドの外から中へ入ってきます。
- ［スライドアウト］（終了）…スライドの中から外へ出ていきます。
- ［カラーパルス］（強調）…点滅します。

　いずれも，テキストや画像，音声等のオブジェクトを選択した上で設定します。アニメーション機能の使いすぎ，凝りすぎはかえって逆効果になりかねません。気を付けましょう。

2. Keynote

1. 基本はタップして作成

▲［新規作成］から背景は［テーマ］（サンプルテンプレート）を選択して始めます。

2. ボックス内にテキストを入力

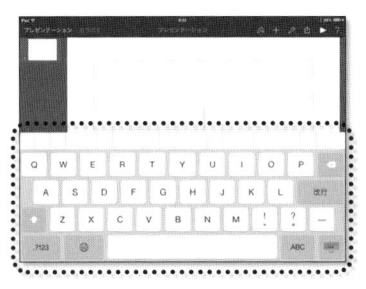

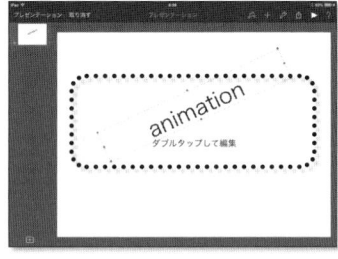

▲ダブルタップすると，キーボードが現れるので入力します。ボックスは，タッチすると自由に動かせます。文字サイズ変更も，ボックスの大きさを変えることにより簡単にできます。

3. 画像などの挿入

▲作成画面右上部にある［＋］をタップすると，左から，写真（音声・映像），コラム，グラフ，テキスト，図形の順に挿入できる対象を選べます。

4. アニメーションの設定

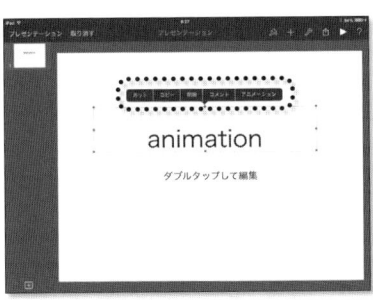

▲アニメーションを設定するテキストボックスをタップし，現れた黒いタブの右側にある［アニメーション］を選択する。

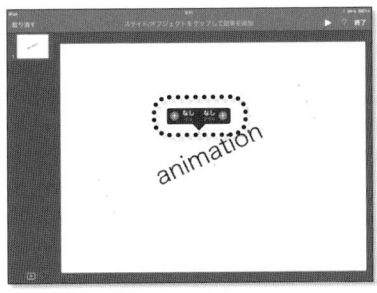

▲［イン］と［アウト］の指示が出ます。［イン］は PowerPoint の［開始］，［アウト］は［終了］に相当します。⊕をタップして効果を選択します。

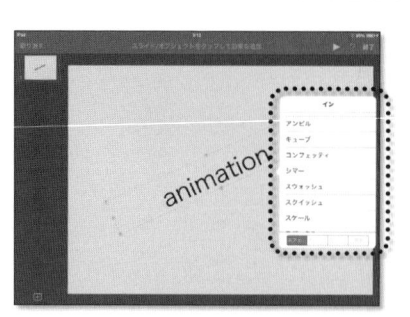

▲アニメーション効果を選びます。

iPhone をリモコン代わりにする

Keynote には，便利な「リモートコントロール機能」が付いています。同じ Wi-Fi 環境に入っている，iOS デバイスであることが条件です。例えば，iPhone で iPad の Keynote をリモートコントロールできるし，iPad で Mac 本体の Keynote を操作できますので，授業中にパソコンや iPad につきっきりになる必要はありません。

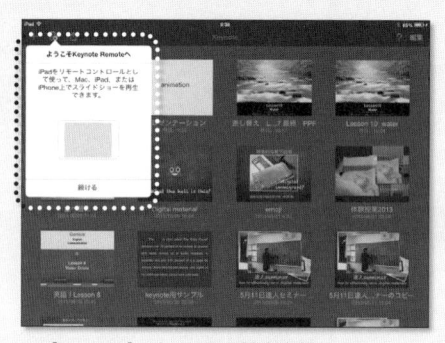

▲ [remote] ボタンから設定を行います。

また，Windows のパソコンをリモートコントロールしたい場合は，iPhone の "splashtop personal" というアプリを使えば，iPhone をリモコン代わりに使うことができます。(http://www2.splashtop.com/ja/personal)

3

基本の教材を作ろう

～基礎編～

　英語の授業で使うスライドを作りながら，PowerPoint と Keynote の基本操作をマスターしよう！

　プレゼンソフトにはさまざまな機能がありますが，その中から，授業スライドを作る際，是非知っておきたい基本テクニックを厳選して，7 つのステップに分けて紹介しました。それぞれのステップで，まず PowerPoint での作成法を解説したあと，Keynote で同じものを表示する場合の注意点を挙げてあります。

Step 1 英文を提示しよう
▶──基本となるスライドの作成

まず，教科書の英文を，板書する代わりに提示してみましょう。いかに読みやすくするかがポイントです。

1. 背景を決める

　スライドの背景は，使い慣れた黒板の色を踏襲するのが，まずはお勧めです。現在の JIS 規格の黒板の，ダークグリーン色は，「目に優しく」「白・黄色」が見えやすいと言われています。スライドの画面でも，黒板色なら文字修飾で使う下線や色分けが，慣れた板書と同様にできると思います。以下の手順で，黒板の色に近い黒や濃い緑色を選定します。

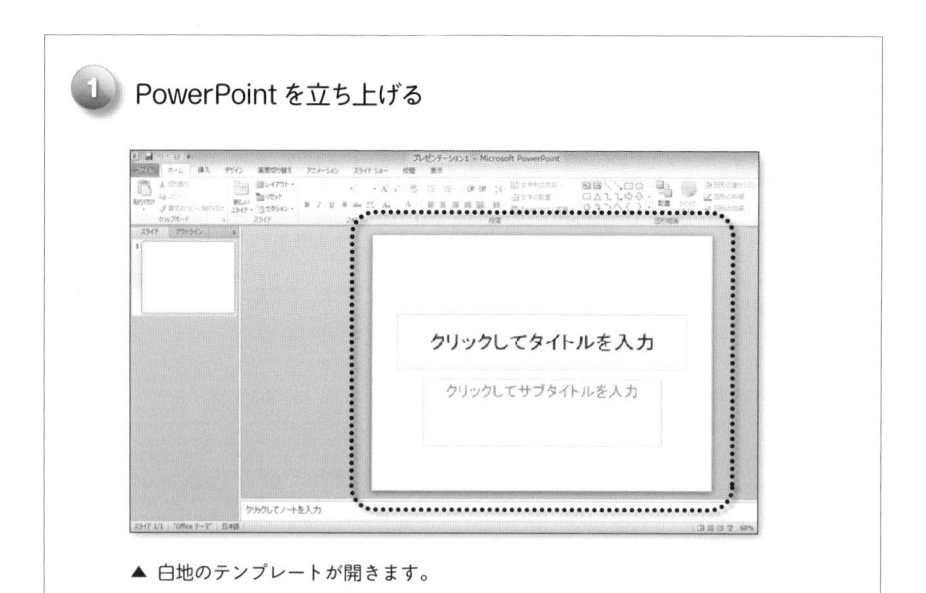

① PowerPoint を立ち上げる

▲ 白地のテンプレートが開きます。

❷ [背景のスタイル]で色やデザインを選ぶ

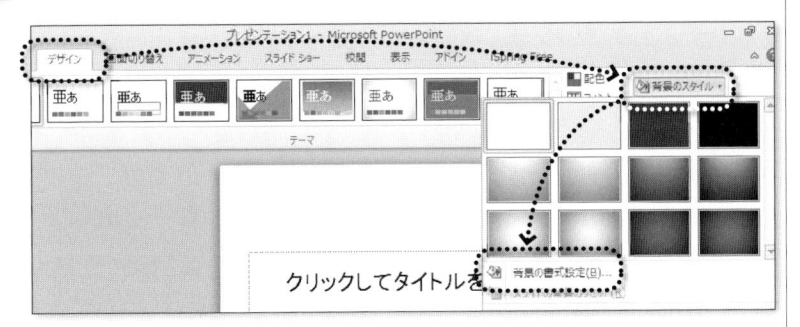

▲ [デザイン]タブ→[背景のスタイル]→[背景の書式設定]→[塗りつぶし]で色を選びます。

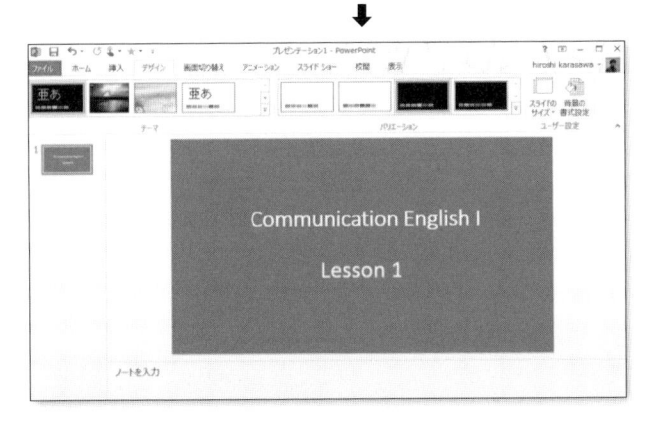

↓

▲ 背景が黒板色になったスライドにタイトルを入力したもの。

　教室にホワイトボードも普及していることから，背景を白にするのもよいと思います。ホワイトボードをスクリーン代わりに使う場合は，直接書き込むことができます。実際に教室で提示してみて，どの背景がもっとも見やすいか試してみることも大事です。

> **背景をグレードアップ**　微妙なニュアンスを表せる「グラデーション」の設定もできます。また，マイクロソフト社の office.microsoft.com の「Office のテンプレート」で「黒板」で検索すれば，リアルな雰囲気の黒板画像をダウンロードできるほか，インターネット上からもさまざまなテンプレートを入手することができます。

第3章　基本の教材を作ろう〜基礎編〜　35

2. テキストを貼り付ける

次に，表示する英文を貼り付けます。その際，視認性を意識することが大事です。スクリーンサイズにもよりますが，40人前後の普通教室で，後ろにいる生徒がはっきりと認識でき，また，前の生徒が大きすぎてかえって見づらいということにならないよう，情報量を加減します。教科書の「2分の1ページ程度」または「1段落分程度」の英文の量でレイアウトした場合には「8語×6行」くらいが適当です。全体が40〜60語だと，通して読んで30秒くらい（120 wpm）になり，音声を貼り付けて活用する際も手際よく進められます。常に「情報量は少なめに」が大切です。

テキストは，直接入力もできますが，教科書のテキストデータなどを利用して，コピー＆ペーストするとよいでしょう。（以降のスライドは，背景をホワイトボード色にした例です。）

① 新しいスライドを追加する

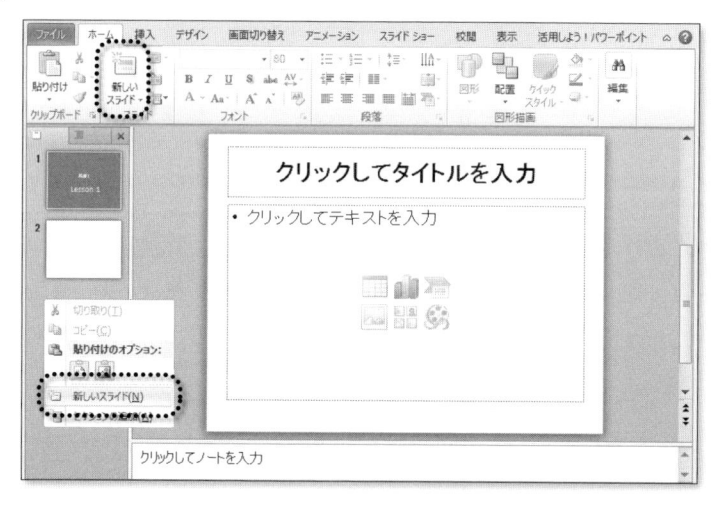

▲ スライドの一覧部分で右クリックして，［新しいスライド］を選択します。［ホーム］タブの［新しいスライド］でも追加できます。

❷ ボックスをクリックして，提示したいテキストを入れる

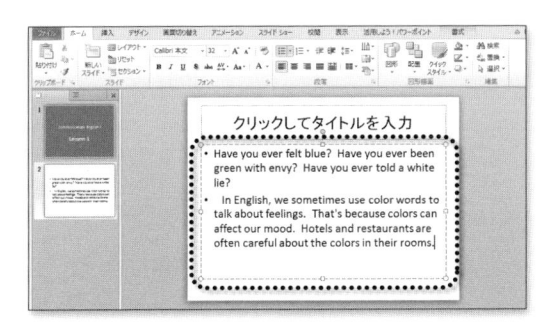

▲ コピーしたテキストデータを右クリック→［貼りつけ］で貼り付けます。（上にあるタイトルを入力する枠が不要な場合は，このとき削除しておくとよいでしょう。）

3. フォントや段落を調整する

　貼り付けたテキストは，提示した際見やすく，また後で書き込み等の加工がしやすいように，フォントや行間を調整します。

　手書きにない特徴を出し，統一した見やすい文字を提供できるのが，デジタルコンテンツの魅力であり，最大のアドバンテージですが，凝りすぎることは避けたいものです。フォントの種類も，1枚のスライドに使うフォントは2つ以内にとどめるとよいでしょう。教科書で使用されているフォント（"Century"や"Times New Roman"など）がなじみがありますが，印刷された文字と，スクリーンで拡大された文字を見るときの感じ方はやや違います。紙で使われるCentury系，Times系よりはとげとげ感がなく見た目もやわらかい"Arial"や"Calibri "がお勧めです。

　フォントのサイズは，1画面に40～60語程度入るとして，28～32ポイント位が妥当でしょう。ちょうど収まります。フォントの色は，標準背景が，白（ホワイトボード式）なら，文字色は，ホワイトボードマーカーで使用する，黒，赤，青，緑を使います。黒板風の黒，濃い緑を背景に使う場合は，文字色は，チョークで使用する，白，赤，黄色，青，緑，ピンクなどを使います。

① **テキストの選択**

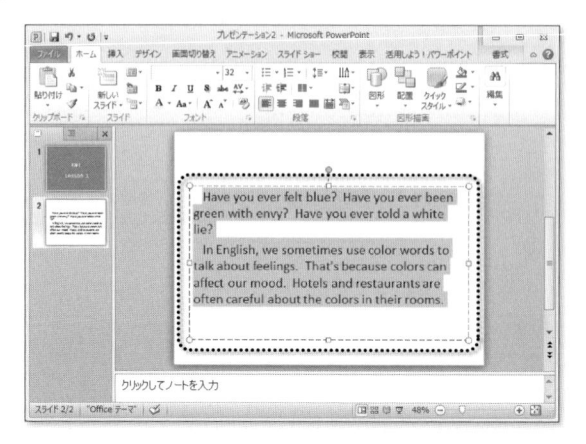

▲ 文字サイズなどを調整したい部分を指定します。

② **フォントの種類，サイズ，色を指定**

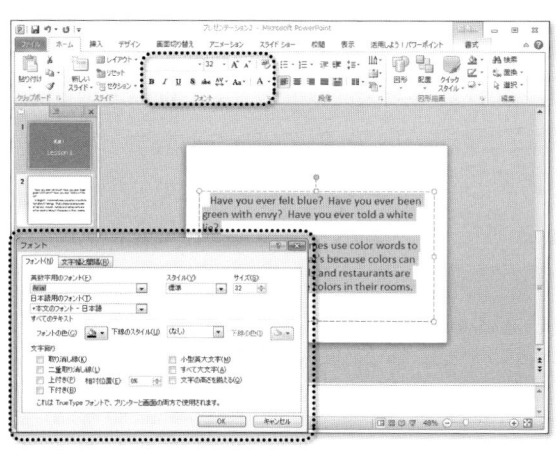

▲ ［ホーム］タブから，フォント画面に進みます。

　さらに，フォントや，サイズによりますが，説明を付け加えてゆくことを考えると，行間は1.5〜2は取りましょう。より見やすいように，「両

38

端揃え」を使い行末を揃えます。「両端揃え」は，単語間を空けることによって，行頭と行末を揃える機能です。「行間」と「両端揃え」は次に説明するように［段落］画面で設定できます。

③ 行間と行揃えの設定

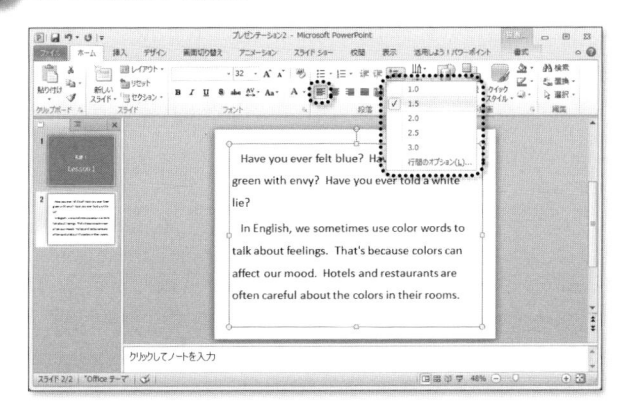

▲ ［ホーム］タブから，［段落］リボンの中にある［行間］と［両端揃え］で行います。

④ 基本スライドの完成

背景や文字サイズなどを変えて何パターンかフォーマットを作っておけば，教材の長さによって使い分けができて便利です。

第3章　基本の教材を作ろう〜基礎編〜　39

Step 1 Keynote 編

　Windows のパソコンで作成した PowerPoint のデータを，iPad を使って Keynote で表示してみましょう。Windows ユーザーは，Dropbox などのクラウドに一旦ファイルを保存しておいて，Keynote で開く方法をとります。完全には互換しませんが，背景や文字情報は移せます。iPad の利点は，ポータブルで起動も速く，授業で扱いやすいところです。PowerPoint で作りこんだスライドを iPad で利用する手順を紹介します[1]。

> **Dropbox とは**　ドロップボックス（https://www.dropbox.com/）は，オンラインで使うストレージサービスで，パソコンやタブレット，スマートフォン等の端末で，データを共有できます。その他には，Google ドライブ，OneDrive（マイクロソフト社）など各種の無料サービスがあります。いずれも，使用開始時にユーザー登録が必要です。(p.8「クラウド」参照)

1. PowerPoint ファイルをクラウドに保存する

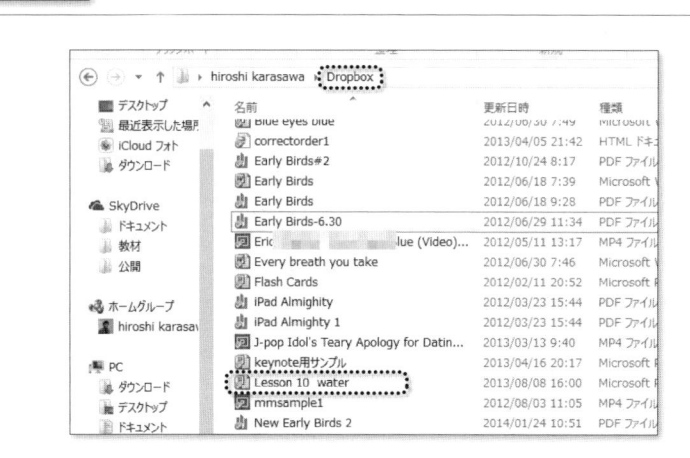

▲ Dropbox のフォルダ。フォルダにファイルをドロップするだけで保存できます。

2. iPad で PowerPoint ファイルを読み込む

①　iPad で Dropbox を開き，PowerPoint ファイル（.pptx）を読み込む

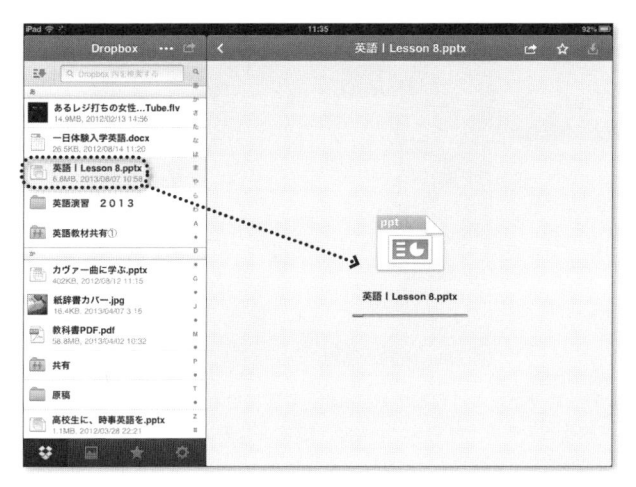

▲ PowerPoint ファイルをタップします。

②　読み込んだ PowerPoint ファイルを Keynote で開く

▲ [Keynote で開く] を選択します。

第3章　基本の教材を作ろう～基礎編～　41

③ Keynote 上で PowerPoint ファイルが表示される

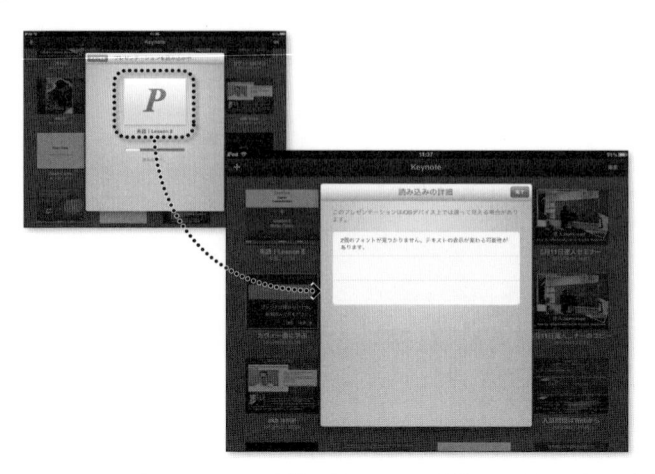

▲ PowerPoint ファイルは自動で Keynote に変換されます。100% 変換するわけではなく，読み込めなかったフォントなどが示されます。

3.　Keynote 上で必要に応じて修正する

Keynote の画面を確認し，うまく変換されなかった部分を修正します。(p. 49参照)

---

1) 2014年3月に iPad 版 Office がリリースされましたが，2014年6月現在日本では未発売です。今後，日本でもリリースされれば，ここからの手順は必要なくなります。

Step 2　ノートテイキングの手順を示してみよう
▶──文字修飾とスライドショー

基本のスライドを加工してスライドショーを行います。ノートをとる手順を示したり，板書で重ね書きをする感覚で，提示していきます。

　口頭指示だけでは，ノートを取るのが苦手な生徒がいます。そんな生徒には画面で指示してあげることで，的確にノートをとるコツをつかませます。プロセスを踏むことで，学習の優先事項などもわかりやすく示すことができます。

　ワンクリックで，ひとつ前のスライドやアニメーション動作を戻せるので，黒板ではできなかった瞬時の見直しも可能です。このように先へ進めたり戻したりができることは，板書を書き写すのが遅れがちの生徒にとっては特に有効でしょう。

1.　ノートをとる手順のスライドを作成

　スライドをコピーしながら，ポイントを追加していき，順番に提示していく方法をとります。例えば，「重要な熟語や単語などに下線を引く」，「重要表現を丸で囲む」，「行間に解説を加える」等々の手順をスライドを切り替えることによって指示します。

　PowerPointでも，基本的に文字修飾の方法はWordと同じで，［フォント］の設定で行います。しかし，種類はWordよりも少なく，文字の色を変える，太字にするなどはできますが，蛍光ペンや網かけはありません。また，下線はWordと同様に引けますが，細くて目立ちません。したがって，いろいろな種類の文字修飾は，図形を挿入することによって行います。図形の挿入方法はWordとほぼ同じです。いちいち図形を貼り付けていくのは面倒に感じるかもしれませんが，一度作成しておけば，コピーして使えて便利です。

① 基本スライドをコピーする

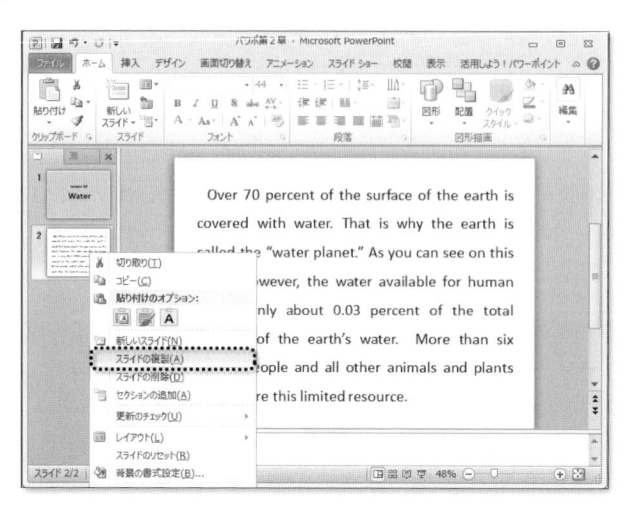

▲ スライドの一覧上で右クリックして，[スライドの複製]を選びます。

② コピーしたスライドに下線を追加する

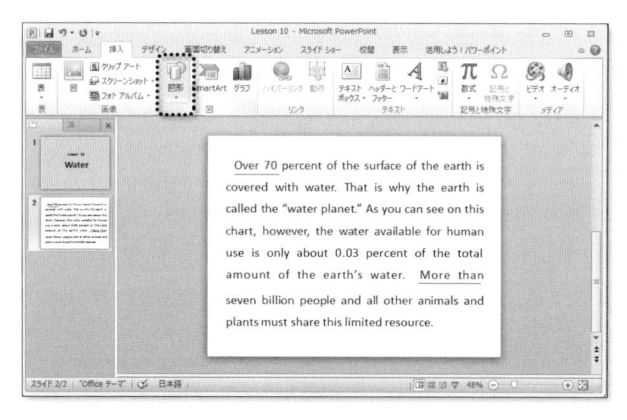

▲ [挿入] タブ→ [図形] → [直線] と指定して，注目させたい部分に下線を引きます。図形上で右クリックして [図形の書式設定] を選ぶと，線の色，線のスタイル（幅，一重線／二重線，実線／点線，矢印，影などが設定できます。[線のスタイル]→ [幅] の数値を大きくすると太い線になります。

❸ 下線を追加したスライドをコピーし，重要フレーズを丸で囲む

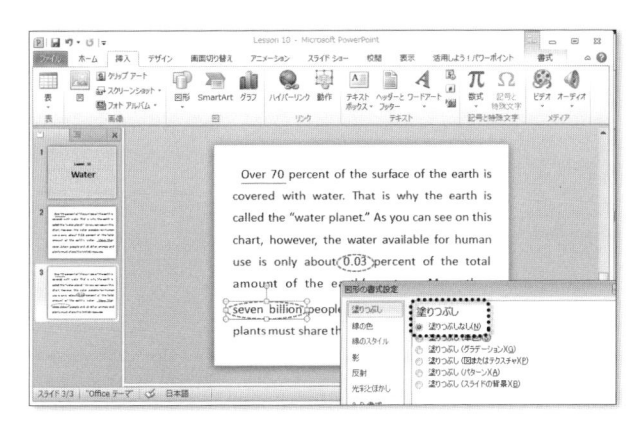

▲［挿入］タブ→［図形］→［円／楕円］と指定して，フレーズを楕円で囲みます。［図形の書式設定］で，［塗りつぶしなし］を選びます。（線の色やスタイルも適宜変更します）

❹ さらにスライドをコピーし，蛍光ペンでハイライトする効果を追加

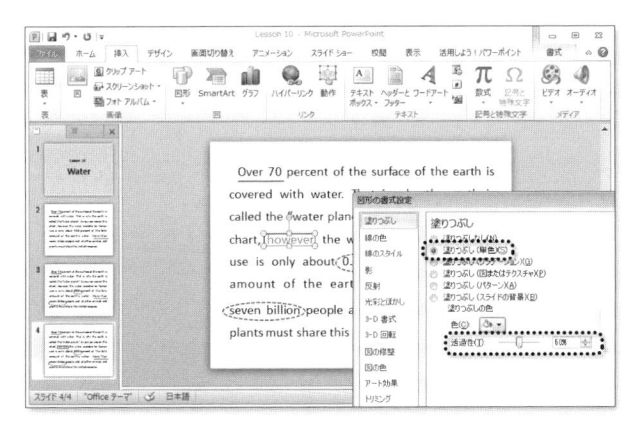

▲［挿入］タブ→［図形］→［正方形／長方形］と指定して，単語を四角で囲みます。［図形の書式設定］で，［塗りつぶし（単色）］で黄色，ピンク，青などを選び，［塗りつぶしの色・透過性］で50～80％に設定します。輪郭線を消すため，［線の色］で［線なし］にします。

第3章　基本の教材を作ろう～基礎編～　45

通常の黒板では実現不可能な蛍光ペン（ハイライター）は，生徒にとって視覚的な効果が期待できます。

次に，スライドをさらにコピーして，行間に文法説明や解説を書き加えてみましょう。

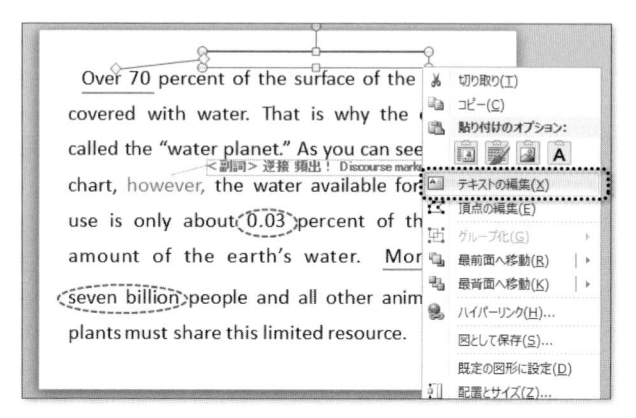

⑤ 行間に解説を追加する

▲［挿入］タブ→［図形］→［吹き出し］と指定して，好みの吹き出しを挿入し，［図形の書式設定］で，［塗りつぶしなし］にします。図形を選択して右クリックし［テキストの編集］にすると文字が入力できます。

2. スライドショーで提示

できあがったスライドは，スライドショー（スライドを順番に提示させる機能）を使ってスクリーンに表示します。クリック（または［Enter］キー）で次のスライドに切り替えることができます。

> **画面切り替え**　次のスライドに移る方法は，手動（クリック）か自動を選択できます。［画面切り替え］タブ→［画面切り替えのタイミング］で［クリック時］または［自動的に切り替え（時間）］のいずれかにチェックを入れます。

❶ 1ページ目を指定してスライドショーをスタート

▲ ［スライドショー］タブ→［現在のスライドから］で始めます。

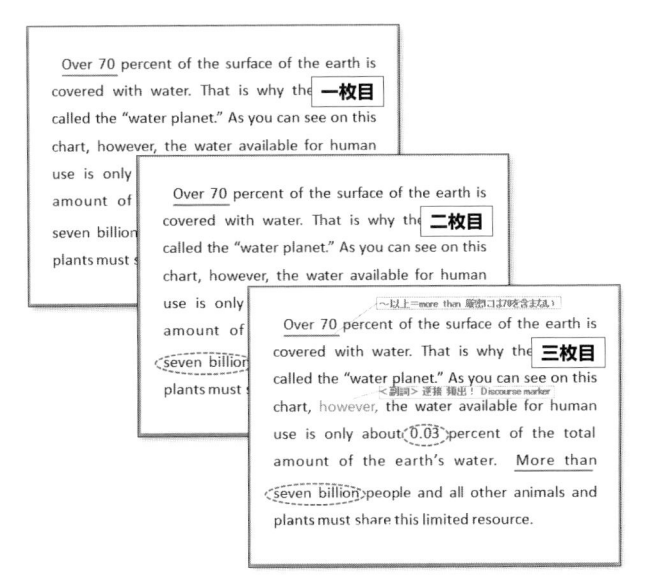

▲ クリックか［Enter］キーで次のスライドが表示されます。

第3章　基本の教材を作ろう〜基礎編〜　47

なお，実際のスライドショーを実行中に，［ポインターオプション］を呼び出せば，手書き（マウス）で線を引いたり，ハイライトができます。マウス操作になりますので，思うようにはきれいに書けないかもしれません。ただし，Windows 8で，「タッチパネル」対応のパソコンやタブレットであれば，画面に直接指で触れたり，タッチペンで操作ができ，手書き感覚になります。

② ポインターオプションの活用

▲ スライド画面上で右クリックするか，画面左下のペンのアイコンをクリックします。

> **情報の盛り込みすぎに注意** スライドを作り込みすぎるとわかりにくくなります。また，従来の板書時間がかなり短縮され，情報提示のスピードが速くなる傾向がありますので，詰め込み過ぎには注意が必要です。

Step 2 Keynote 編

　PowerPoint で挿入した文字修飾を，Keynote で読み込むと，行間やフォントのサイズなどは問題なく変換されますが，挿入した図や，図形などは位置が多少ずれますので，手直しが必要です（下図参照）。Keynote で文字修飾を行う手順を次ページに示します。作成画面が右側，スライド一覧が左側にあることも，PowerPoint と同じです。

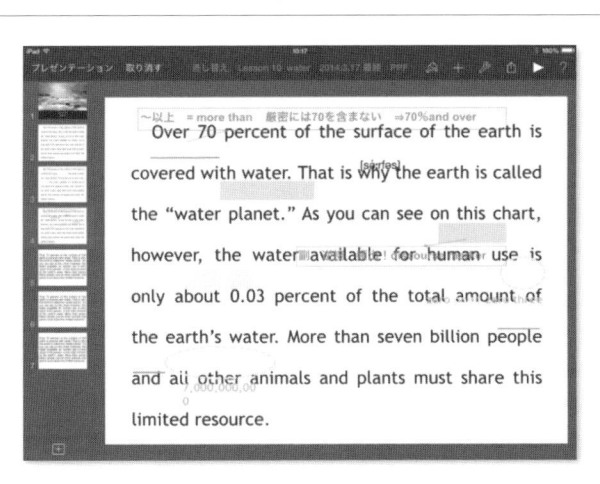

▲ Keynote に変換されたファイル (図形にずれが見られる)

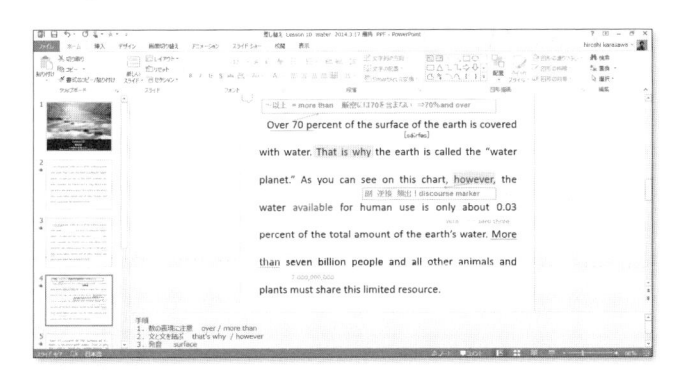

▲ 参考：もとの PowerPoint の画面

第3章　基本の教材を作ろう～基礎編～　　49

●テキストオプション

　PowerPointほどの凝った文字修飾等はできませんが,「サイズ・カラー・フォントの変更」,「傍点・ボールド・下線」,「余白・行間隔などのテキストの配置」は可能です。テキスト全体を指定するか,単語の上で素早く2回タップして語（句）を指定してから行います。

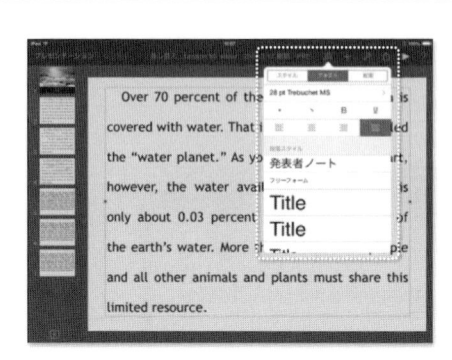

▲　変更箇所を指定した後,刷毛のマークをタップすると［スタイル］や［レイアウト］を選択できます。

●図形などで挿入できるもの

　吹き出しや線（曲線可）,表・グラフ,カメラロールから,写真や映像の挿入ができます。

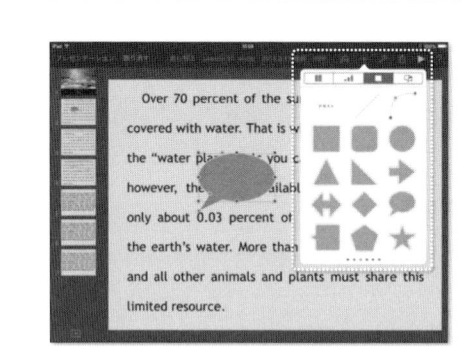

▲　［＋］ボタンをタップすると,［表］,［グラフ］,［図形］,［カメラロール］を選択できます。

Step 3 教科書の音声を再生してみよう
▶——ハイパーリンクと Windows Media Player

英文を表示しながら，Windows Media Player で音声を流してみましょう。教室に CD プレーヤーを持ち込む必要がなくなります。

　パソコンを使って教科書の音声などを再生する場合，いちばん手軽なのは，Windows Media Player（WMP）を使う方法です。PowerPoint のハイパーリンク機能を使えば，画面を閉じることなくスライドから直接 WMP を起動することができます。WMP は Windows に標準搭載されていて，読み上げスピードを変えられるので英語の授業には便利です。（PowerPoint に音声ファイルを直接貼り付けることもできます。Step 4 参照。）

1. ハイパーリンクの設定

① WMP を使いたいスライドに［サウンド］のアイコンを貼り付ける

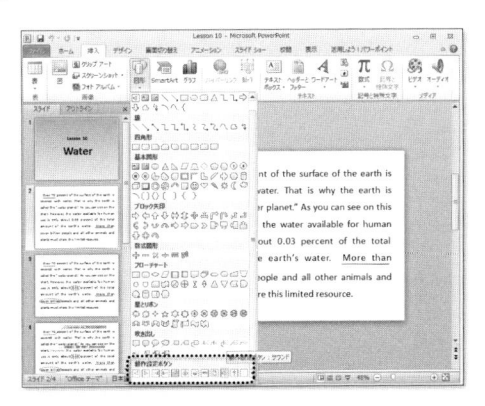

▲［挿入］→［図形］→［動作設定ボタン］で，［サウンド］のアイコンを任意の場所に置きます。

第3章　基本の教材を作ろう〜基礎編〜

② サウンドのアイコンに Windows Media Player を関連づける

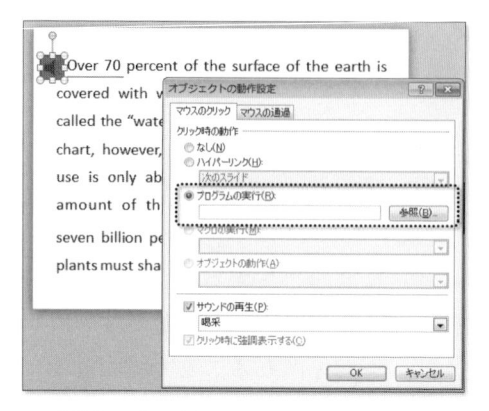

▲ 自動的に［オブジェクトの動作設定］ボックスが現れるので，［プログラムの実行］を選択します。

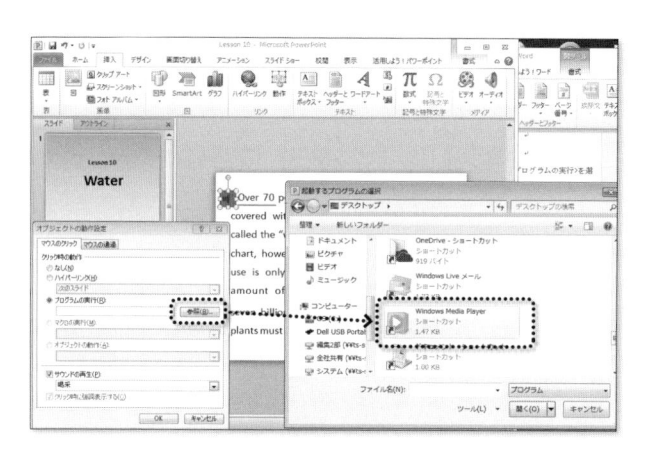

⬇

▲ ［参照］ボタンを押し，Windows Media Player を指定します。

> Windows Media Player のショートカットをあらかじめデスクトップ上に作成しておくと，作業がスムーズです。［スタート］→［プログラム］で表示された Windows Media Player のアイコン上で右クリックして［送る］→［デスクトップ（ショートカットを作成）］の順で作成できます。

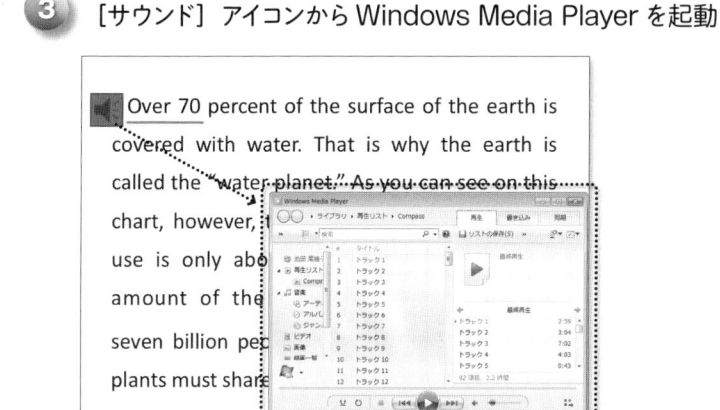

③ ［サウンド］アイコンから Windows Media Player を起動

▲［サウンド］アイコンをクリックすると，WMP が起動します。画面上で自由に移動できます。

2. Windows Media Player について

　Windows Media Player は音声スピードを細かく変えて再生可能です。授業中はもちろんのこと，音声を文字起こしする際にも重宝します。授業で使う場合は，適宜「音声教材」，「英語表現Ⅰ」などの名前の［再生リスト］を作成し保存しておくとよいでしょう。以下に WMP 使用のポイントを「再成リストの作成」と「速度の変更」に分けてまとめます。

●再生リストの作成

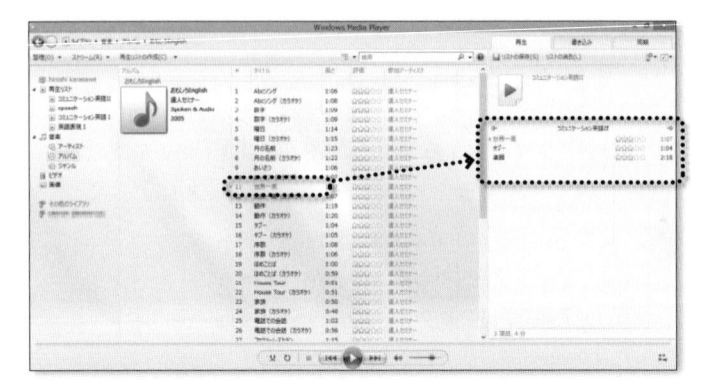

▲新しい再生リストを作成して，タイトルをドラッグすれば簡単にリストが作れます。

●速度の変更（3段階に変更）

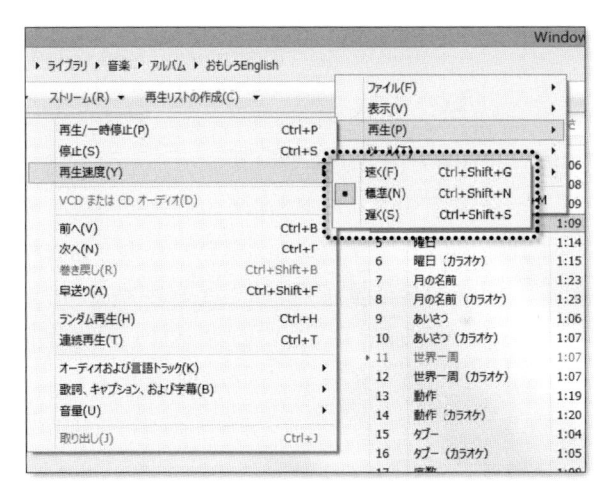

▲ 再生中に，画面上部のタブのところで右クリック→［再生］→［再生速度］と選択すると，すると，「速く」,「標準」,「遅く」のいずれかが選べます。キーボード操作のコマンド（「標準」なら，Ctrl+Shift+N）を覚えておけばスムーズな再生調整ができます。

●速度の変更（目盛りで細かく変更）

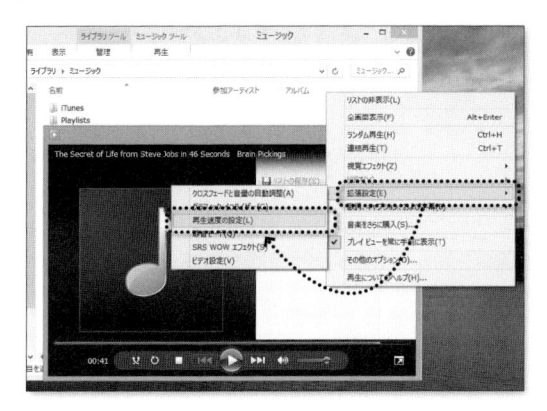

▲ 再生速度を目盛りで変更する場合は，WMP をプレイビューの画面にします（切り替えボタンは，右下にあります）。再生中に右クリックして，[拡張設定] → [再生速度の設定] と選択します。目盛りが現れ，再生速度を細かく設定できます。

Step 3 Keynote 編

　Keynote では，他のアプリを同画面に呼び出せないので，音声を聞かせる場合は音声再生アプリに切り替えて行います。（Step 4 参照）

Step 4 音声を貼り付けよう
▶──オーディオファイルを挿入する

単語，チャンク，文，段落などに適宜音声を挿入しておくことで，CD等で音声を聞かせるより，効率的な音声指導ができます。

　CDプレーヤーを使っての音声指導でやっかいなのは操作です。お目当てのトラック番号を間違えたり，早送りや巻き戻しで手間取ったりします。Step 3で紹介したWindows Media Playerも，その点は同様でしょう（マウスで操作できるのは便利ですが）。

　PowerPointには，好きな場所に，必要な長さの音声（オーディオ）を貼り付けることができます。単語，チャンク，文，段落などの単位で適宜挿入しておくことで，CD等で音声を聞かせるより，効率のよい音声指導ができます。その方法を紹介しましょう。

1. 貼り付ける音声ファイルを決める

　必要なオーディオを作成しパソコン内のフォルダに入れておきます。作成には2つの方法があります。
　① ICレコーダーで，自らあるいはALTの音声を録音する。
　② 教科書等で提供されている音源を使う。
　コピーした音声ファイルは，特に変更しなければ原則として［ミュージック］フォルダ内に保存されます。

> **音声ファイルフォーマットについて**　コピーする際は，MP3 audio file (.mp3) 形式で保存しておくと，ほとんどの音声再生ソフトで使用でき，編集もしやすくなります。

2. 音声をスライドに貼り付ける

　音声ファイルをスライドに直接貼り付けます。

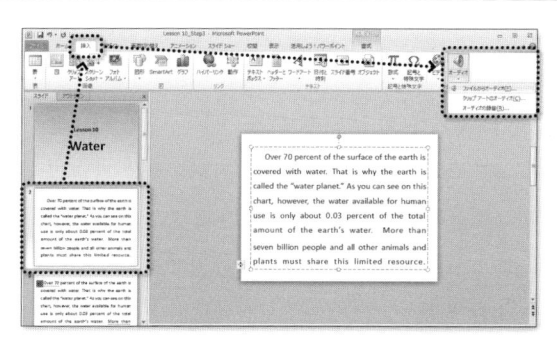

▲ 音声を入れたいスライドを表示し、[挿入]→[オーディオ]→[ファイルからオーディオ]を選択します。自動的にフォルダが開くので、1．で保存した音声ファイルを選択します。挿入が終わると、音声のアイコンが表示されます。

3. アイコンの配置とオーディオの確認

　作成された音声のアイコンは、最初はスライド中央に配置されますが、ドラッグして好きなところに移動できます。例えば、「単語」単位なら、単語のすぐ下に配置するとか、チャンクごとなら、その最初の単語のすぐ左、あるいは、チャンク最終語の右、など使いやすいように配置を考えるとよいでしょう。必要に応じて、サイズや色を変更します。透明のものを選べばアイコンを隠すこともできます。

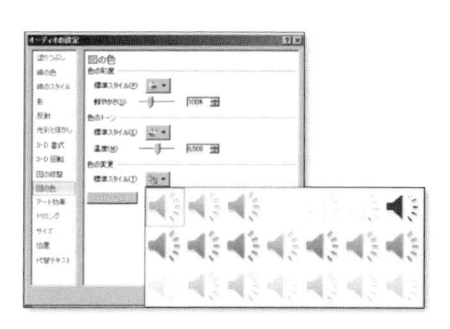

▲ アイコンを右クリックして表れたメニューから[オーディオの設定]を開きます。[図の色]→[色の変更]の順でアイコンの色を選びます。

第3章　基本の教材を作ろう～基礎編～　57

オーディオのアイコン上にマウスポインタを置くと，すぐ下に再生ボタンが出てきます。再生ボタン（▶）で音声の確認をします。

4. 必要に応じて音声をトリミングする

PowerPoint 2010からは，画面上で音声のトリミングができます。この機能を使うと，音声の一部を切り取ることができます。

▲ 音声のアイコン上で右クリック→［オーディオのトリミング］を選択します。必要な箇所だけ切り出すことができます。

> **音声の編集について** 音声の編集をするソフトはいろいろありますが，音声の切り取りなどの編集は，手間がかかりますので，段落ごとの音声しかない場合は，そのまま貼りつけてしまってもかまいません。再生を止めたり，途中からの再生などは，スライド画面上の再生アイコンでできます。なお，音量調節も可能です。

5. 再生方法を設定する

　オーディオの再生方法には，［自動］，［クリック時］の2種類があります。「自動」はそのスライドを開くと音声が流れ出します。「クリック時」はサウンドのアイコンをクリックして始めます。なお，フラッシュカードで複数のスライドを連続して見せる際，BGMとしてジャズチャンツ等の音声を使う場合は，［スライドの切り替え後も再生］にし，［スライドショーを実行中にサウンドアイコンを隠す］にするとよいでしょう。

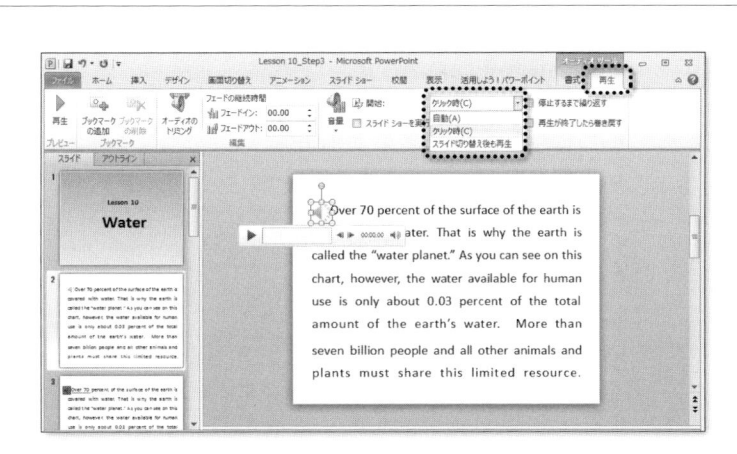

▲ サウンドのアイコンをクリックすると，［オーディオツール］のタブが表れます。［再生］タブ→［自動］または［クリック時］を選択します。

Step 4 Keynote 編

　基本的には音声を画面に貼り付けることはできませんが，音声の貼り付けてある PowerPoint ファイルを Keynote で読み込むと，音声の貼り付いたファイルができます。

> Over 70 percent of the surface of the earth is covered with water. That is why the earth is called the "water planet." As you can see on this chart, however, the water available for human use is only about 0.03 percent of the total amount of the earth's water. More than seven billion people and all other animals and plants must share this limited resource.

▲ 音声付きの PowerPoint 画面を読み込むと，再生ボタンが表示されます。

● CD などの音声を利用する方法

　ひと手間かければ，PowerPoint のように，フォルダを指定して音声を貼り付けることができます。以下にその手順を紹介します。

　他のファイルを Keynote に貼り付けるには，メディアの挿入から入りますが，映像にしても，音声にしても，「カメラロール」内のファイルを貼り付けることになります。音声ファイルをカメラロールに保存しておく方法として，iMovie（Mac のパソコンや iPad，iPhone 対応のビデオ編集アプリ）を使う方法をご紹介します。アプリは有料ですが，ビデオ以外，写真や音楽等も管理・編集できるのでとても便利です。

1. オーディオファイルを［カメラロール］に保存する

　まず，使用したい音声ファイルを iTunes か Dropbox 等のクラウドに保存しておきます。それを iMovie でいったん読み込んで，保存先をカメラロールにして保存し直すと，真っ黒なフェースのサウンドファイルができます。

2. カメラロールに保存した音声データを読み込む

　カメラロール内にある音声データを Keynote に貼り付ける手順は，以下のようになります。

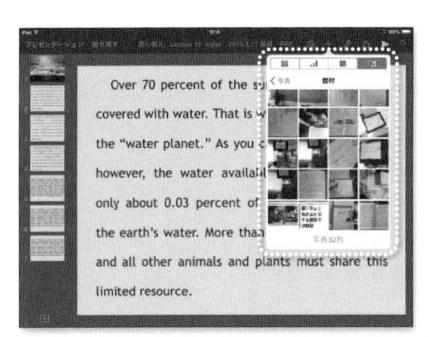

▲ 挿入［+］のアイコンから，［メディア］→［カメラロール］を選択します。

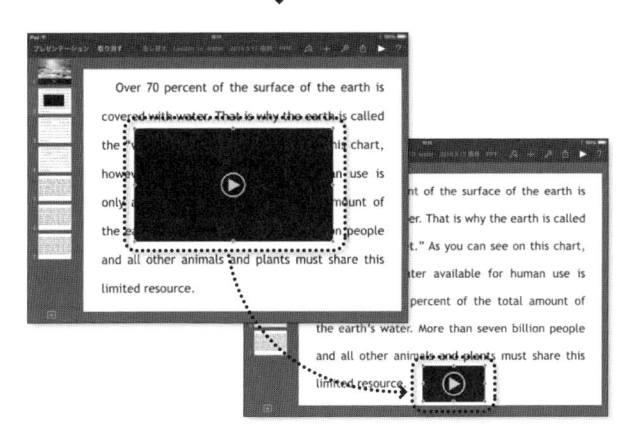

▲ 貼り付けたい音声ファイルを指定すると，真っ黒なサウンドファイルが挿入されるので，邪魔にならない位置に縮小して置きます。再生は▶をタップするだけです。

再生の方法としては，PowerPointのように途中で止めたり，巻き戻したりができませんので，ただ聞かせるだけになってしまいます。
　ポーズを空けながら再生したい時などは，基本アプリの「ミュージック」を開いて聞かせるか，音楽プレーヤーのアプリを活用することになります。その場合も，1画面でマルチタスクはできませんので，Keynoteをいったん閉じて，「ミュージック」等を開きます。アプリのレスポンスは速く，ストレスは全くありません。ホームボタン（本体中央のボタン）を2度押しで，画面下に利用した順にアイコンがでますから，切り替えで手間取ることもありません。

Step 5 画像を貼り付けよう
▶──写真や図形を挿入する

教材の背景知識を深めたり，学習内容のスキーマをイメージさせたり活性化するために画像を活用します。

教材の背景知識を深めたり，学習内容のスキーマを活性化するのに，画像や写真は有効です。授業の導入時や，適宜画像を見せながらのストーリーテリングの補助にも利用できます。デジカメで撮った写真はもちろん，手書きのイラストなどもデジタル化しておけば使いまわしが可能です。

1. 貼り付ける画像を決める

貼り付ける画像は，次のようなものが考えられます。いずれも，例えば「コミュニケーション英語Ⅰ画像集」などの任意のフォルダを作って入れておけば，次回からは，［図をファイルから挿入］できます。

① 自分で撮影した写真やデジタル化した手書きのイラスト

デジタルカメラなどで，撮影した写真はあとで探しやすいように，簡単な名前を付けて保存しておきましょう。画像サイズの変更やトリミングも貼り付け作業中にできますが，文字を入れたり，モザイク等の画像編集を行うのは，JTrim などのフリーソフト（巻末「リンク集」参照）を使うと便利です。

② ウェブサイトから入手した画像

例えば，Google の画像サーチを使い，「フリー素材　地球　写真」とキーワードを入れて検索します。気に入った画像をダウンロードします。画面上で右クリックし［コピー］でダウンロードできます。その際，著作権にはくれぐれも気をつけましょう（p.67参照）。

③ Office 内にあるクリップアートや図形

Word と同じように，Office 内にある，クリップアートや図形を組み合

わせて，スライド画面を工夫できます。さらに，Office.com には，豊富なサンプルがあります。GIF（下記コラム参照）で作られた動きのあるものもあります。

> **アニメーションGIF** GIFは，画像ファイルの一種で，拡張子が".gif"となっています。単純な動きですが画像が動きます。重要な箇所などにおくと，注目させるのに効果的です。

2. 画像を貼り付ける

① 画像をスライド画面に貼り付ける

▲ 画像ファイルをスライド画面にドラッグするか，新しいスライドの場合は［図をファイルから挿入］のアイコンをクリックして，画像ファイルを指定します。

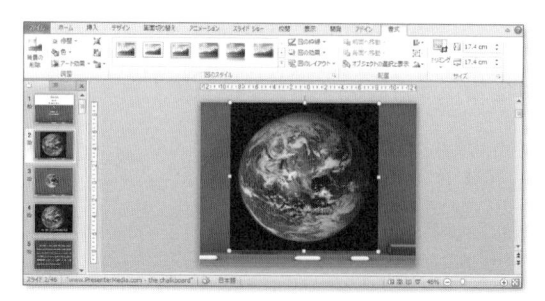

↓

▲ スライドいっぱいに挿入された地球の画像。

❷ 必要に応じてトリミングや，明るさの調整，背景の削除など，画像の調整を行う

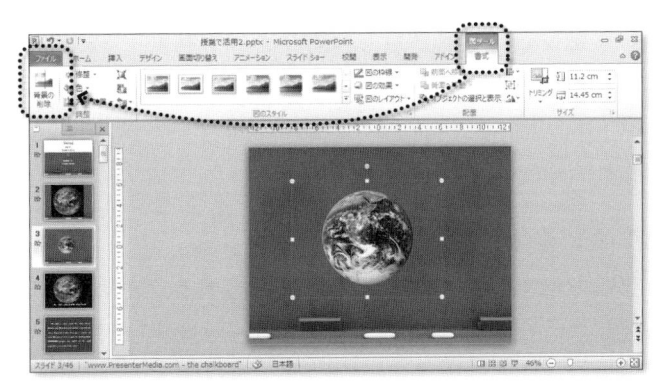

▲ 画像をクリックすると現れる［図ツール］［書式タブ］→［背景の削除］をした画像。

●クリップアートや図形を使用した例

▲ ①は［クリップアート］で「ひらめき」の語で検索して得た画像。②は，［図形］の吹き出し，③は，Office.com からダウンロードした GIF ファイル（画像が動く）。

Step 5 Keynote 編

　PowerPointで貼り付けた画像は，位置は多少ずれますが，そのまま表示されます。アニメーションGIF（p.64のコラム参照）は，iOSでは対応していませんので，静止画となります。次に紹介するのは，Keynoteでの画像の貼り付け方法です。

1. 使いたい画像を入手する

　ウェブ上の画像写真を使いたい場合は，対象写真をタッチしたまま押し続け，開いたメニューから［画像を保存］を選択すると「写真（カメラロール）」に保存されます。（「コピー」を選択した場合は，iPad内には保存されないので，作成画面を開いて直接貼り付けます。）

　iPadの「カメラ」で撮影した写真は，「写真（カメラロール）」に保存されます。

2. スライド作成画面で，写真，画像を読み込む

▲ ［+］から［メディア］→［カメラロール］や［フォトライブラリー］内の画像を選択。作成画面に添付できます。

> **タッチパネル**　iPad 版 Keynote では，作成画面での画像の移動配置を，直に手で操作できます。慣れると，PowerPoint での作成よりはるかに楽です。

　ウェブページの一部などを切り抜いて貼り付けたい場合は，スクリーンショット（画面キャプチャー）が便利です。コピーした画像は「写真（カメラロール）」の中に入ります。トリミングも簡単で，必要な箇所だけを示すことができます。

▲　画面右上にある［スリープ］ボタンを押しながら，画面下中央の［ホーム］ボタンを押します。「カシャ」という音がして，コピー完了です。

> **ウェブの画像・映像使用について**　ウェブ上の画像は，基本的にすべてコピーできてしまいますが，スライドで使用する際は，著作権上の問題がないか確認する必要があります。中には，作成者や，撮影者に使用許可を取らなければならなかったり，著作権フリーであっても，加工が許可されていないものもあります。
> 　また，映像については，ダウンロードが許可されている場合は，Download のマークがあります。使用に関しては，画像と同じく条件が付く場合もあります。（著作権についての詳細は，第5章，p.145参照）

第3章　基本の教材を作ろう〜基礎編〜

Step 6 映像を貼り付けよう
▶——ビデオクリップを挿入する

音声だけ，画像だけ，ではなく映像も取り込むことで，シームレスで理解しやすい授業展開が期待できます。

　音声や，映像をそれぞれ別のメディアをいちいち開いて再生するのは，時間の無駄になります。Step 3 で紹介したハイパーリンクを使うのも便利ですが，短い音声や映像なら直接スライドに貼り込んでしまいましょう。PowerPoint 2010 からは，貼り付けも，再生等の扱いも簡単になりました。画像や音声だけでなく，適宜，映像も取り込むことで，シームレスで理解しやすい授業展開が期待できます。

1. 貼り付ける映像を決める

　授業で使いたいビデオファイルを準備し，パソコン内のフォルダに保存します。以下のような入手方法が考えられます。

① インターネットから取り込む（著作権への配慮については，前ページコラム参照）
② 自分で作成したビデオクリップを取り込む
③ 教科書教材として提供されたビデオクリップを取り込む

2. インターネットから映像を貼り付ける

　まず，使用が許可されているサイトから映像を貼り付けます。以下はダウンロードが可能な"TED"の映像を例にとって紹介します。TEDは，著名人の英語プレゼンテーションが公開されていて，無料でダウンロードできます。音声だけ，字幕付き，ダウンロード先，などを指定でき，英語学習に非常に有効です。（http://www.ted.com/）

1. 映像をダウンロードする

事前準備として，映像を自分のパソコンにダウンロードしておきます。

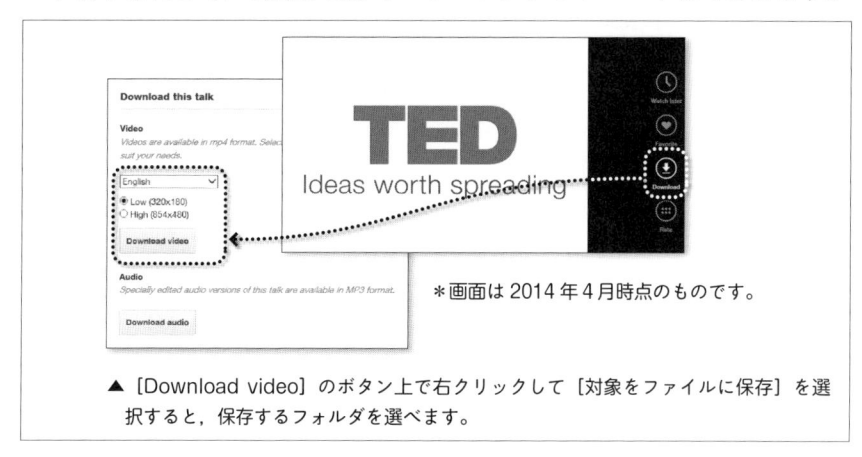

＊画面は 2014 年 4 月時点のものです。

▲ ［Download video］のボタン上で右クリックして［対象をファイルに保存］を選択すると，保存するフォルダを選べます。

2. スライドにビデオを貼り付ける

▲ ［挿入］タブ→［ビデオ］→［ファイルからビデオ］の順に指定して貼り付けた後，ビデオの枠の大きさを変更します。画面下に現れた再生，停止，音量等のコマンドバーで，すぐに再生して確認できます。

3. 自分で作成したビデオクリップを貼り込む

自分で撮影したビデオを使用する場合は，.asf／.wmv／.avi／.mpg／.mpeg などの保存形式でパソコンに取り込んだ上で使用します。

> **QuickTime** パソコンに，QuickTime（Apple 社提供のメディアプレイヤー）が入っていると，再生できる動画の種類が増えます（.mp4, .mov など）。無料でダウンロードできますので入れておくことをお勧めします。

Step 6 Keynote 編

　PowerPointの動画が，すべてKeynoteで再生できるとは限りません。うまく再生できない場合は，Keynote上で貼り付けてみましょう。iPadのカメラを使って撮影したビデオや，iTunesのライブラリに保存された動画なら，Keynoteに貼り付けることが可能です。なお，PowerPointで紹介したTEDの映像はKeynoteに貼り付けられないので，インタラクティブリンクで対象映像にリンクするとよいでしょう（Step 8参照）。

① 「カメラロール」にある，ビデオを確認する

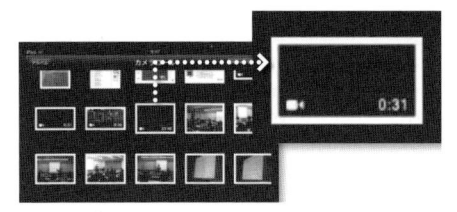

▲ 映像には，ビデオマークと録画時間が表示されます。

② Keynoteにビデオを貼り付ける

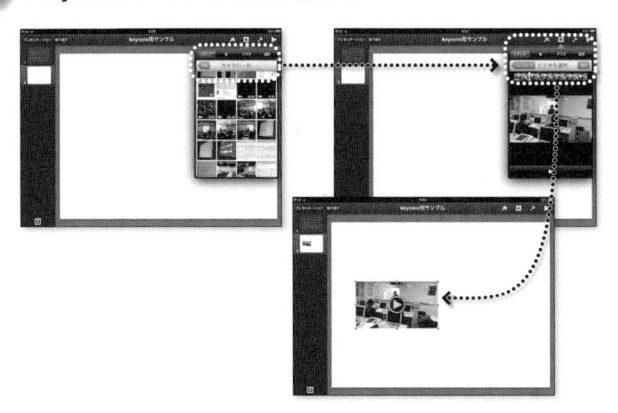

▲ [メディア]→[カメラロール]→[ビデオ]を選択。[使用]をタップすると，作成フィールドに挿入されます。

Step 7 文字を徐々に消したり出したりしてみよう
▶──アニメーション機能を使って

全文を見せてコーラスリーディングをした後，文字を消しながらリーディングすれば，速読のリーディングスキルの訓練ができます。

「アニメーション」機能では，さまざまな動きを付けて，文字を消したり，現したりすることができます。以下のようなイメージです。

▲徐々に文字が消えていきます。

1. アニメーションで［ワイプ］を選択する

［ワイプ］は，拭き取るように現れたり消えたりする効果です。

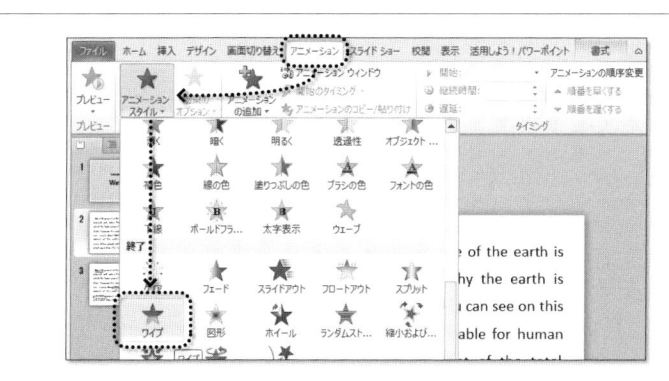

▲［アニメーション］タブ→［アニメーションスタイル］→［終了］の［ワイプ］の順に選択します。

第3章 基本の教材を作ろう～基礎編～

2.　文字が消える方向や速度等を設定する

　英文なので、[左から] 消えるように設定します。速度の設定は，下記のコラムを参照して下さい。

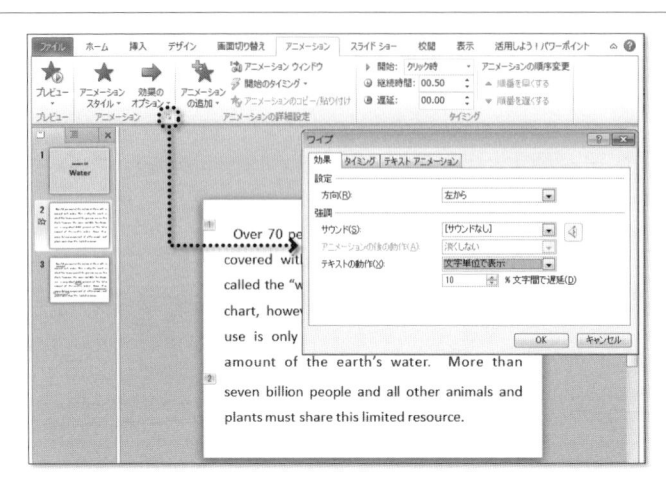

▲ [アニメーション] の右下の矢印をクリックすると，[効果のオプション] のダイアログボックスが開きます。[方向] は「左から」，[テキストの動作] は「文字単位で表示」を選びます。

> **アニメーションのスピード**　文字が消えていくスピードは，2種類の設定方法があります。まずおおまかな設定は，上記 [ワイプ] ボックス内 [効果] タブの [テキストの動作] が便利です。10%くらいでナチュラルスピードになります。最初は，20〜30%くらいにゆっくりにするとよいでしょう。別のスライドで，スピードを上げたものを用意しておけば，段階を踏んで読む訓練ができます。
>
> 　細かく設定する場合は，[タイミング] タブの [継続時間] で行います。文字の消えるスピードを0.1秒単位で変更できます。wpm を意識して指導したい時は テキストの語数を数えて速度を調整するとよいでしょう。

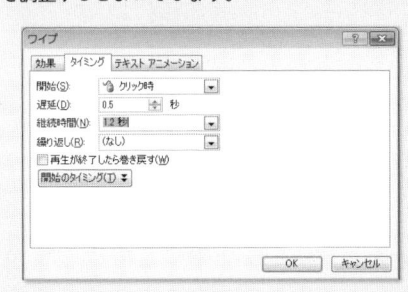

◀ 継続時間に数字を直接入力します。

アニメーションの設定を，［終了］ではなく，［開始］→［ワイプ］とすれば，徐々に文字が現れていくスライドが作成できます。［開始］と［終了］両方の［ワイプ］機能を使って，文字が現れては消えていくアニメーションも可能です（第4章，作例⑥参照）。

> **ZoomIt** PowerPoint 2013では，［スライドズーム］機能が付いて，スライドショーの途中で，3段階にズームして表示することができます。PowerPoint 2010までは、その機能がありませんので，ZoomIt（ズームイット，フリーソフト）を使ってスライドを拡大する方法を紹介します。
> <手順>
> 1. http://technet.microsoft.com/ja-jp/sysinternals/bb897434 から ZoomIt をダウンロードします。
> 2. ZoomIt を起動し、タスクトレイ常駐後に ［Ctrl］＋［1］キーを押すと、2倍に拡大表示され、マウスを動かすだけで、上下左右に移動できます。また、マウスホイールの回転で拡大率を変えられます。
>
> また、Draw 機能があり、［Ctrl］＋［2］キーを押すとマウスで線が描けます。さらに、Break Timer もあり、［Ctrl］＋［3］キーを押すと分単位でカウントダウンタイマー画面を呼び出せます。すべて、［Esc］キーで終了できます。

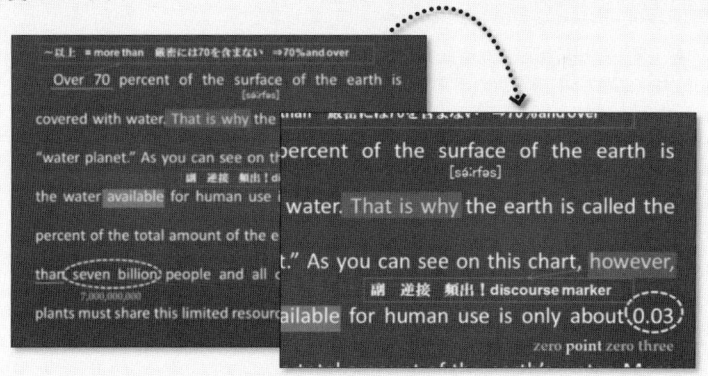

Step 7 Keynote編

　PowerPointで作成されたアニメーションは，Keynoteですべて使えるわけではありません。Keynoteの［エフェクト］には，対応していないものがあるので，うまく再現されないものは，Keynoteで設定し直す必要があります。「アニメーション」機能を使うところはPowerPointと同じです。

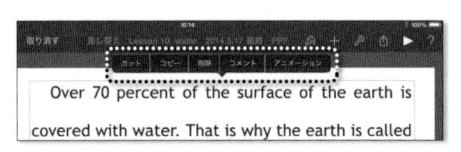

▲ スライドをタップして［アニメーション］を選択します。

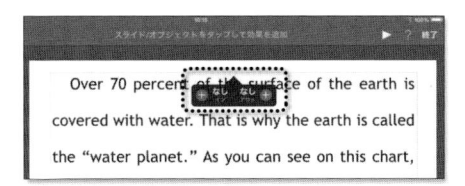

▲「文字を順に出現させる」場合は，［イン］を選択，「文字を順に消してゆく」場合は，［アウト］を選択します。

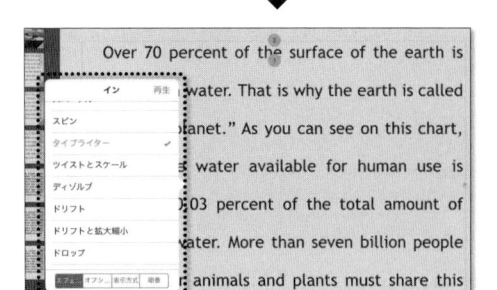

▲ アニメーションの順番は数字で示されます。［エフェクト］には，PowerPointにない，「タイプライター」（1文字単位）があります。

Step 8 ハイパーリンクで世界を広げよう
▶──インターネットやファイルを参照する

PowerPoint から，ウェブ画面等をダイレクトで開くことも可能です。大きなデータを見せたい場合など，便利です。

　提示画面から，関連するファイルやサイトにリンクさせるのが，ハイパーリンク機能です。Step 3 では，Windows Media Player にリンクする方法を紹介しましたが，ここでは，パソコン内に保存された他のファイルや関連データ，インターネットのウェブページを開く方法を解説します。うまくリンクを張っておけば，よりスムーズな授業展開ができるようになります。

1. PDF ファイルにリンクを設定する

　以下は，スライドに貼り付けた画像に，パソコン内に保存してある教科書の PDF ファイルを開くハイパーリンクを設定した例です。スライドショーの画面で，画像をクリックするとリンク先のファイルが開きます。

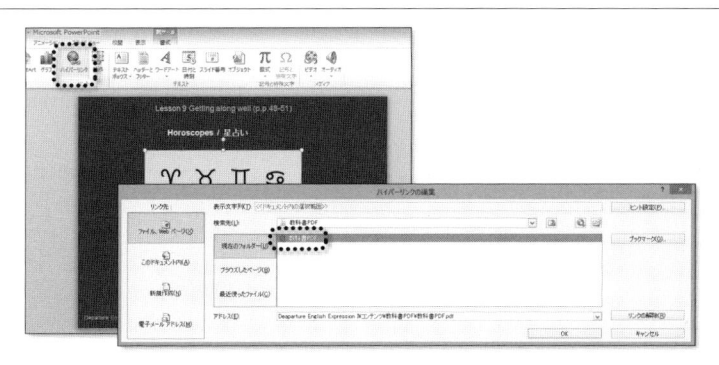

▲ スライド上の画像や文字を選択して［挿入］タブ→［ハイパーリンク］を選択します。自動的に開いた「ハイパーリンクの編集」からリンク先を指定します。

第3章　基本の教材を作ろう〜基礎編〜

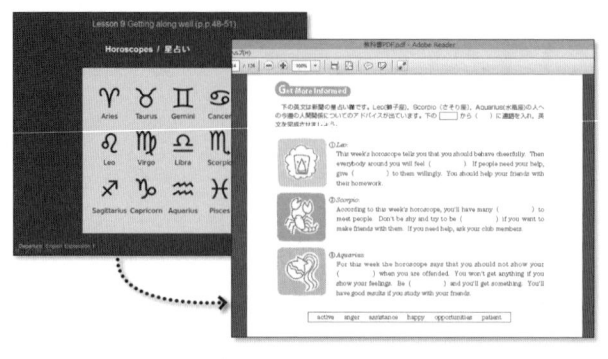

▲ 提示画面からリンク先への切り替わり

> **PDF ファイルの分割**　PDF ファイルにリンクを張るときは，無駄のないように必要なページを切り離しておく必要があります。SepPDF（複数ページにわたる PDF ファイルを複数ファイルに分割できる）などのフリーソフトを活用しましょう。

2. ウェブサイトにリンクを設定する

　ウェブサイトにリンクを張っておくと，背景知識の説明などの時に便利です。以下は，見出しの文字に，インターネットのアドレスをリンクさせる例です。

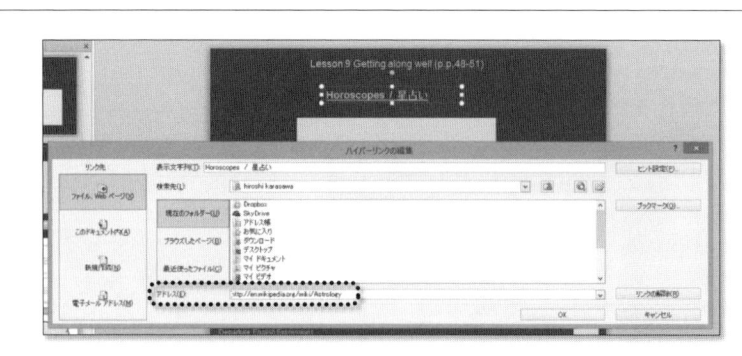

▲リンク対象の語（句）や図形を指定して，[ハイパーリンクの編集]画面の[アドレス]にリンク先 URL を入力（またはコピー）します。

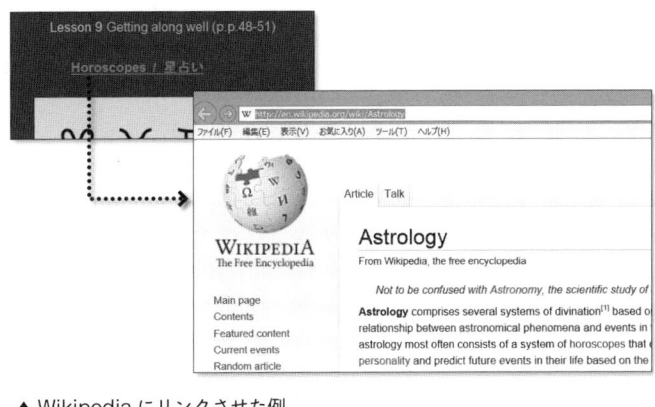

▲ Wikipedia にリンクさせた例

● その他のリンク例

① 他の PowerPoint ファイル…ページの指定もできます。
② 同一の PowerPoint ファイル…指定ページにもリンクを張れます。見直しや，復習などの確認に便利です。
③ アプリケーションソフト…Step 3 で紹介した Windows Media Player が代表的です。音声や，動画を再生するソフトにリンクを張っておけば，関連する音声や動画を提示画面をそのままに再生できます。また，デジタル辞書にも簡単にアクセスできます。

> **便利なショートカットいろいろ**　マウスやリモコンだけの操作ではなく，ショートカットキーを知っていると便利です。
> ・[F5] …PowerPoint のスライドショーがスタートします。
> ・[B] のキー／[W] のキー…スライドショーの途中で，[B] のキーを押すと，スライドが真っ黒になります。同じく，[W] のキーを押すと，スライドが真っ白になります。スライドへの注目をやめさせて，先生の方へ目を向けさせたいときに便利です。
> ・[Windows] ＋ [U] のキー…[拡大鏡] を呼び出せます（PowerPoint 付属の機能ではなく，Windows の共通ツールです）

第3章　基本の教材を作ろう〜基礎編〜　77

Step 8 Keynote 編

　PowerPoint で設定したハイパーリンクは，URL へのリンクだけはそのまま使えますが，その他については新たに設定し直す必要があります。Keynote の場合は，［インタラクティブリンク］の名称になります。

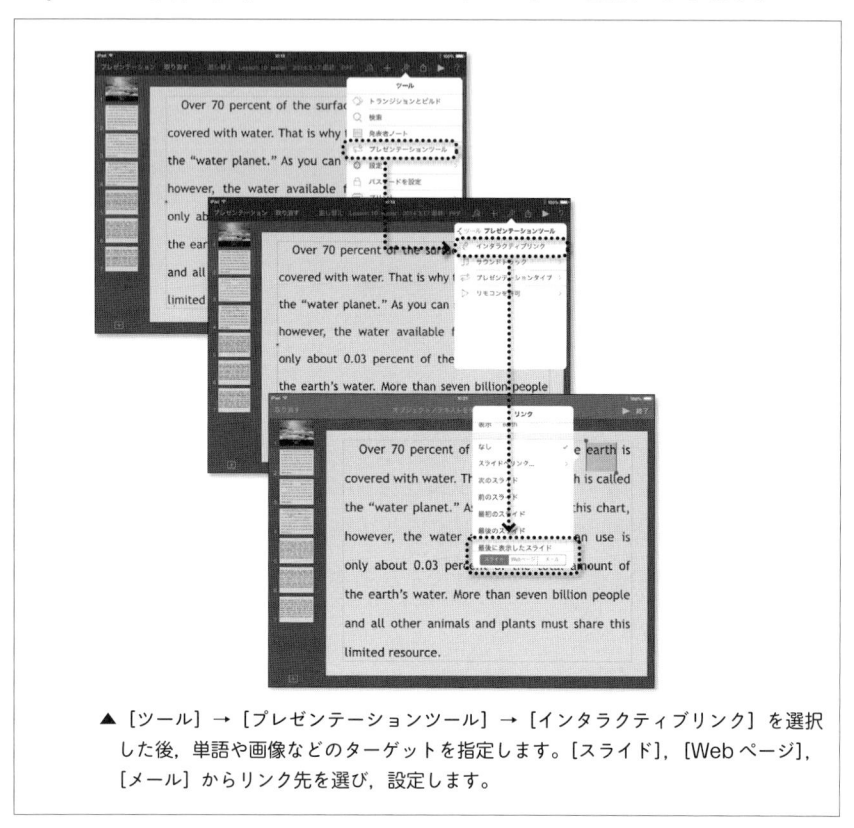

▲ ［ツール］→［プレゼンテーションツール］→［インタラクティブリンク］を選択した後，単語や画像などのターゲットを指定します。［スライド］，［Web ページ］，［メール］からリンク先を選び，設定します。

　この機能を使えば，例えば教科書本文のスライド上で，"the Earth" をタップすれば，National Geographic のウェブサイトが開く，などの設定をすることができます。

4

アイディアを生かした教材集

～実践編～

　第3章でマスターした基本テクニックを使って作成した，バラエティー豊かなPowerPointスライド18点を紹介します。
　タイトル部分に「スキル」，「使用場面」「学校種（小・中・高別に合っている校種に網掛けをしています）」，「作成の難易度」（★の数で三段階に示しました）の4種のガイドを設けました。また，第3章のどのステップのテクニックを活用するかについて，☞で参照先を示しています。授業で使用する際は，「授業手順」を参考にしてください。

> 作例………❶

フラッシュカード（1）

スキル：単語学習
使用場面：授業開始時，終了時
学校種： 小 ／ 中 ／ 高〜
作成の難易度：★★☆

☞ Step 2「スライドショー」／（新）PPT ファイルをビデオ保存

　新出単語の導入の際，フラッシュカードを使用する先生は多いと思います。さまざまな種類がありますが，紙を使ったカードの場合，1単語について盛り込める内容は通常，表裏に1つずつ（英語と日本語）に限られます。ここでは，PowerPoint の特性を生かし，1単語に3つの情報（英語，日本語，発音記号）を入れたフラッシュカードを紹介します。

●授業手順
1．新出単語学習時，あるいは，授業最後の単語再確認で利用します。
2．発音記号の認識も学習の一部です。発音できればよいで終わらせず，時には，解説も加えるとよいでしょう。

●作成手順

1.　英語，日本語，発音記号の3枚のスライドを用意する

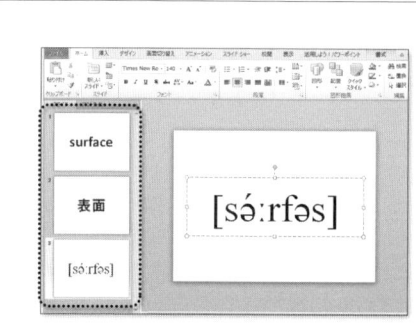

▲ 英語→日本語→発音記号の順で，3枚のスライドを作成します。

2. 画面の切り替え方法を設定する

　スライドの切り替え時の効果を設定します。［画面切り替え］で好みの方法を選ぶとよいでしょう。「プッシュ」や「パン」は文字が流れていき，残像が残ります。［効果のオプション］で「上から」「下から」などを選ぶと紙のカードに近いイメージになります。

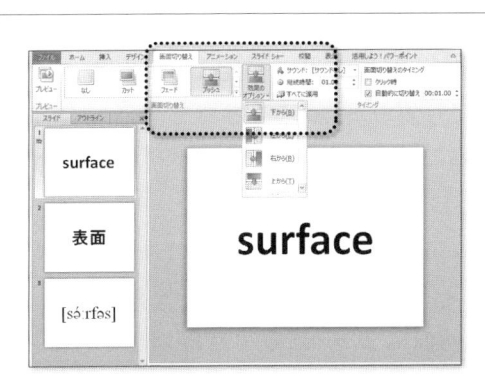

▲［画面切り替え］タブ→［プッシュ］，［効果のオプション］→［下から］を選択します。

3. 切り替えのタイミングを設定する

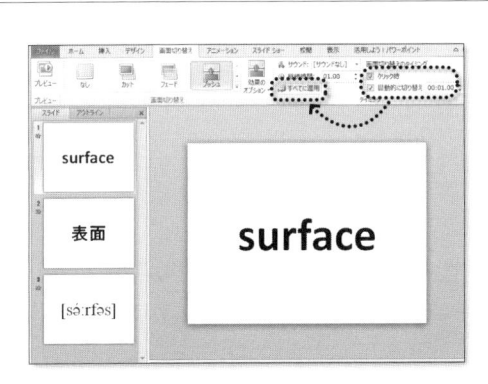

▲［画面切り替えのタイミング］で［クリック時］，［自動的に切り替え］の両方にチェックを入れます。最後に［すべてに適用］をクリックすればすべてのスライドに同様に設定することができます。

> **画面切り替え** ［自動的に切り替え］で，スライドショーの切り替え時間を1/100秒まで細かく設定でき，切り替えのタイミングを変えることができます。さらに［クリック時］にもチェックを入れておけば，スライドを早く進めたいときや1枚戻したい時でも対応できます（進めるときは左クリック，戻す場合は右クリックで［前へ］を選択）。

　すべての設定が終わったら，3枚セットで，必要な単語の数だけ［スライドの複製］をして，文字情報を書き換えます。画面切り替えの設定もいっしょにコピーされるのでいちいち設定する必要はありません。このように，授業で何度でも簡単に繰り返しができるだけでなく，一度フォーマットを作ってしまえば，文字情報を変えるだけで使い回しができます。

4. ビデオファイルとして保存する

　作成したフラッシュカードは，PowerPointのまま使用しても，もちろんかまいませんが，ビデオとして保存しておくと便利です。保存方法は下図のとおりです。提示画面にビデオで貼り付けてしまえば，新たなPowerPointファイルを呼び出す必要がありません（第3章　Step 6参照）。BGM入りのビデオに加工してもよいでしょう。

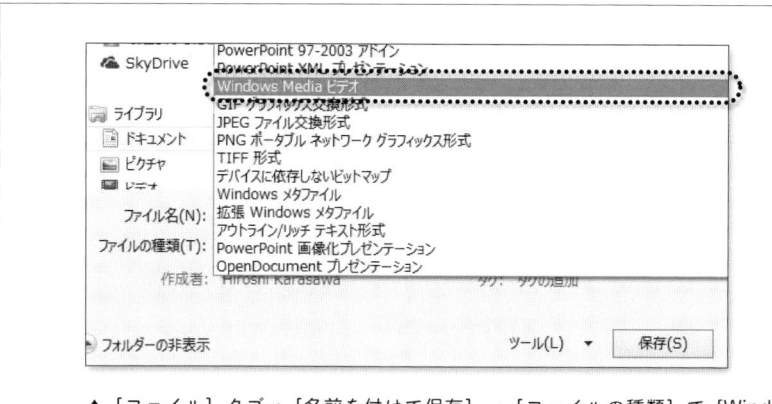

▲［ファイル］タブ→［名前を付けて保存］→［ファイルの種類］で［Windows Media ビデオ］を選択し保存します。

> **BGMを追加**　ムービーメーカー（Windows用フリーソフト）を使えば，ビデオファイルに音楽を追加できます。テンポの良い音楽に合わせて単語学習ができお勧めです。

> **フラッシュカードに効果的なテクニック**　本書では，画面切り替えの効果やアニメーションを使った3種のフラッシュカードを紹介しています（作例①②⑬）。その他，アイディア次第でユニークなフラッシュカードが作れます。以下にお勧めのテクニックをまとめます。

● 文字の拡大

　［アニメーション］→［強調］→［拡大］と設定します。スライドが切り替わると文字が拡大され，迫ってくるような効果があり，生徒を飽きさせません。

● picture card を利用

　文字情報の代わりに，絵や，写真を貼り付けることも可能です。小中学生向けであれば，基本的な動作動詞，動物の名前，感情表現などを貼り付けます。ESL，EFL のサイトには無料の画像サンプルが数多くありますし，Google で，画像サーチをかければ簡単に見つけられます。ただし，著作権を犯してはなりません。検索では，例えば，「free picture card」などと入力して検索しましょう。以下のような注意があれば，授業での利用は問題ないのですが，勝手な，画像編集や，外部への公開はできません。

Copyright

❌ All materials from this website are for <u>classroom-use only</u>. Digital redistribution of materials, in part or in whole, is **strictly forbidden!**

| 作例……❷ | # フラッシュカード (2) |

スキル：単語学習
使用場面：授業開始時，終了時
学校種： 小　中　高〜
作成の難易度：★★★

☞ Step 7「アニメーション」

　人間の目は，動いているイメージに強く惹かれます。書いてあるだけの板書より，文字を動かすことで集中力が増します。ここで紹介するのは，フラッシュカードを進化させて，それぞれのスライドで文字を点滅させる方法です。集中力が高まることに加えて，点滅回数を増やすことで，自然と発声回数を増やせるのもメリットです。枠に色を付けて単語カード風にしています。

●授業手順
1．1枚目のスライドで，英単語が点滅するので，点滅に合わせて発音させる。
2．2枚目のスライドでは，日本語の点滅に合わせて英語を発音させる。
3．発音記号を見ながら発音させる。

●作成手順

1. 単語帳の画面を作成

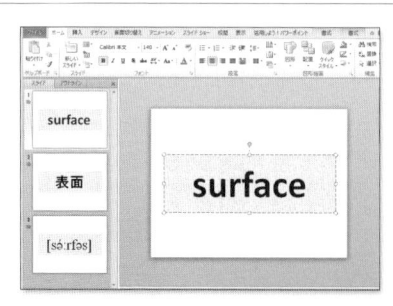

▲［図形の書式設定］→［塗りつぶし］などを使って，単語帳らしい見た目にします。

2. 点滅の設定をする

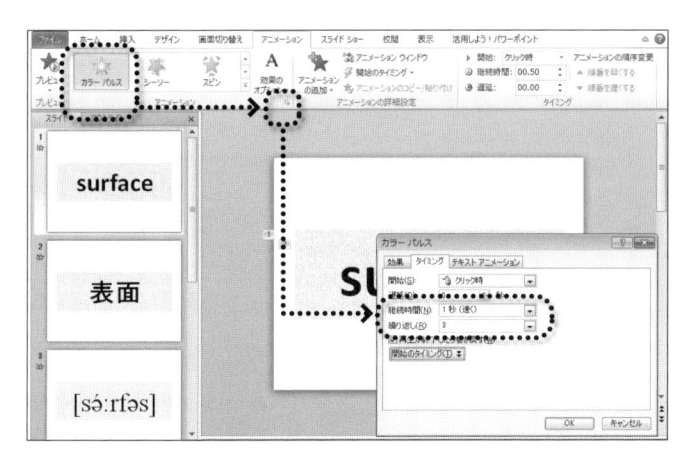

▲ ［アニメーション］タブ→［強調］の［カラーパルス］→［効果のその他のオプションを表示］→［タイミング］を選択します。［継続時間］は1秒程度にし，［繰り返し］で点滅回数を設定します。

3. 2枚目以降のスライドでも設定

　必要に応じて，2枚目の日本語，3枚目の発音記号についても2.と同様に点滅の設定をします。3枚セットでスライドをコピーして文字情報を差し替えたり，ビデオに保存したりする方法は，作例①を参照してください。

> **文字の色を変えて強調**　発音と綴りの関係を注意させたい時は，注意すべき文字の色を変えておくとよいでしょう。例えば，kn**o**w，kn**o**wledge の -o- を赤にしておきます。赤字の部分は，スライドが表示された当初は赤で表示されますが，点滅中は黒に変わり，終わった後にまた赤で提示され，注目度が上がります。

| 作例……❸ | テキストの反転表示 |

スキル：リーディング（負荷を与えた音読）
使用場面：授業中適宜
学校種：　小　｜　中　｜　高〜
作成の難易度：★★☆

☞ Step 1「基本となるスライド」

　暗唱できるくらい読ませたいとき，テキストを加工して負荷をかけるのもひとつの方法です。ここで紹介するのはアナログだと「すかし読み」に当たります。テキストの見せ方に変化をつけることで，集中力持続が期待できます。（ただし，学習障害で文字を視覚的に捉えるのが苦手な生徒がいる場合は有効ではありません。クラス全体での活用には配慮が必要です。）

●授業手順
1．スライドに，加工していないテキストを表示して，全員，前を向かせて読ませる。（自分の教科書は見ない）
2．何度か読ませた後，「左右反転」させて，読ませ方に負荷をかけていく。「上下反転」などもよい。

●作成手順

1. 　基本のスライドを図として保存する

> Over 70 percent of the surface of the earth is covered with water. That is why the earth is called the "water planet." As you can see on this chart, however, the water available for human use is only about 0.03 percent of the total amount of the earth's water. More than seven billion people and all other animals and plants must share this limited resource.

▲ 基本のスライドをまず準備します。

↓

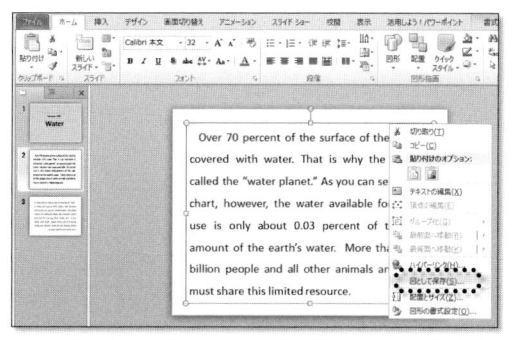

▲ テキストボックスの枠内で右クリックして，［図として保存］を選択します。

↓

▲ 適当な名前を付けて保存します。

2. 図を読み込んで反転する

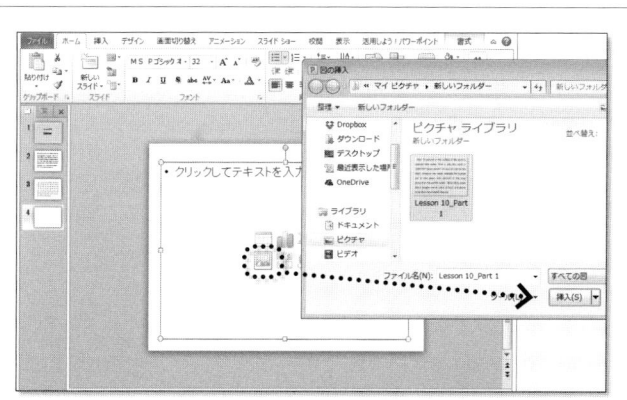

▲ ［図をファイルから挿入］で保存した画像を貼り付け，サイズ等を調整します。

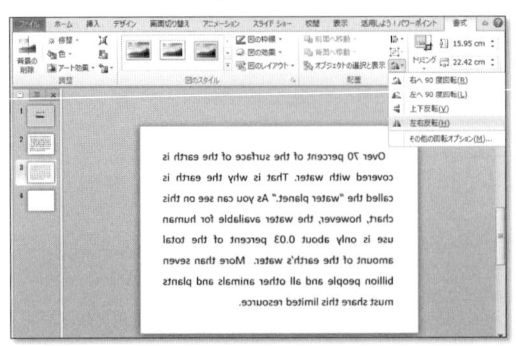

▲［図ツール］から，［書式］→［回転］→［左右反転］の順に選択すると，裏から透かして見たように表示されます。［上下反転］もできます。

▲左右反転と上下反転。上下反転は，テキストを図にしなくても，［描画ツール］→［書式］→［回転］→［上下反転］の手順で，テキストのままで作成可能です。

| 作例………❹ | **テキストの一部を隠す（1）** |

スキル：リーディング（虫食い音読）
使用場面：授業中適宜
学校種： 小　**中**　高〜
作成の難易度：★★☆

☞ Step 1「基本となるスライド」, Step 2「図形の挿入」

　コーラスリーディングの際，負荷をかけながら全員に前を見て読ませる方法をもう1例紹介します。まず，全部のテキストを映し出して読ませ，2回目以降，一部を日本語に変えたり，一部単語を消したりすることで，徐々に負荷をかけていきます。個人個人で何度も読ませてもいいのですが，ペアワークにして，聞き手に答えを確認してもらいながら読むのもお勧めです。隠す単語は，特に覚えさせたいものに絞ったり，動詞だけ，前置詞だけなど，同じ品詞のものに限るなどしてもよいでしょう。

●授業手順
1. 最初に全部が英語のスライドを提示して音読させる。
2. 一部が日本語（虫食い）になったスライドを提示して音読させる。
3. ランダムに単語を隠したり，隠す単語数を増やすなどの負荷をかけながら，何度か音読させる。
4. 全部が英語のスライドを再度読ませる。

●作成手順

1.　　**基本のスライドを用意**

　前述の作例③と同様に，英文が入った基本となるスライドを準備します。それを2枚目と3枚目のスライドにコピーしておきます。

2. 図形を挿入し，英語を隠す

2枚目のスライドの作成画面で，英語を図形で隠し，図形の中にテキストで日本語を入れます。最初に提示した英語だけの画面と行がずれないように注意しましょう。

> Over 70 percent of the [表面] of the earth is covered with water. That is why the earth is called the "water planet." As you can see on this chart, however, the water [入手できる] for human use is only about 0.03 percent of the total amount of the earth's water. More than seven billion people and all other animals and plants must [分かち合う] this limited resource.

▲ ［挿入］タブ→［図形］→［四角形］で好みの図形を貼り付けます。右クリックで［テキストの編集］を選択し，日本語を入力します。

3枚目のスライドは，以下のように単語を隠してみましょう。さらに難易度が上がります。

> Over 70 percent of the ▓▓▓ of the earth is covered with water. That is why the earth is called the "water planet." As you can see on this chart, however, the water ▓▓▓ for human use is only about 0.03 percent of the total amount of the earth's water. More than seven billion people and all other animals and plants must ▓▓▓ this limited resource.

▲ ［図形］→［基本図形］→［メモ］を選んで貼り付けた例です。［図形の書式設定］で［塗りつぶしの色］を変えたり，透過性を上げて下の文字を薄く表示したりなど，工夫します。

| 作例………❺ | **テキストの一部を隠す (2)** |

スキル：リーディング（虫食い音読）
使用場面：授業中適宜
学校種： 小　**中**　高〜
作成の難易度：★★★

☞ Step 5「画像の挿入」, Step 7「アニメーション」

　作例④と同じく，英文の一部を隠して負荷を大きくして行う音読練習です。ここでは，音読の途中で小さな地球が次々と現れて単語を隠す，楽しいスライドの作例をご紹介します。

　このスライドでは，［クリップアート］にある「地球」を利用しましたが，その他どんな画像でも使えます。画像の現れ方は，アニメーションの［開始］でさまざまな設定が可能です。［フェード］で，指定した場所に画像を順次出現させる方法だと，タイミングが取りやすく作成に手間がかかりません。［バウンド］でボールが弾むように落下してくるイメージも，変化があってお勧めです。

　テキストの全体を提示して，一通りのコーラスリーディングを終えた後に行うのが効果的です。画像は，読んでいる途中でタイミングを計り，クリックして出現させます。生徒の読むスピードに合わせますが，やや早めに出現させるのがコツです。ある程度生徒の読むスピードが予測できれば，アニメーション動作をすべて計算して時間設定しておき，自動で動かすことも可能です。

●授業手順
1．最初に全文を提示して音読させる。
2．画像が徐々に現れるスライドで音読させる。
3．再度全文を提示して読ませる。

第4章　アイディアを生かした教材集〜実践編〜

●作成手順

1.　基本のスライドにクリップアートを挿入

PowerPoint で提供されているクリップアートを使用する例です。

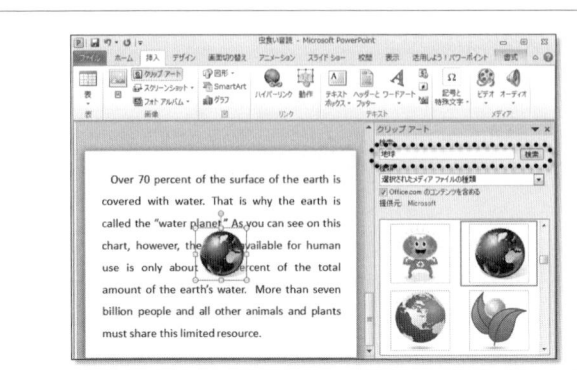

▲［挿入］タブ→［クリップアート］で出てきた画面で「地球」を検索し，好みの画像を選びます。

2.　隠したい単語の上に画像を配置し，アニメーションを設定する

最初の画像にアニメーションの設定をした上で，画像をコピーしながら，適当な場所に配置します。適宜大きさを変えてもよいでしょう。

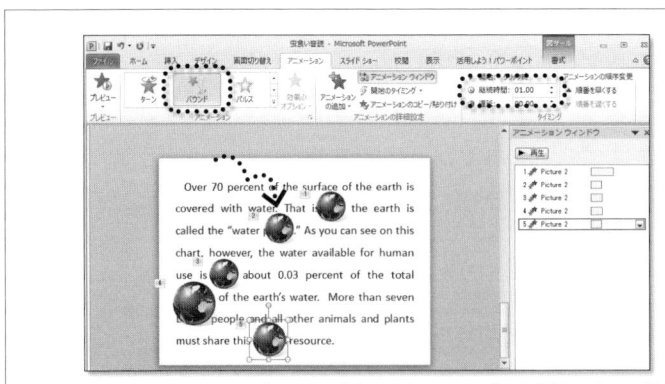

▲［アニメーション］→［開始］→［バウンド］を選択します。継続時間は1秒程度が適当でしょう。あまり長すぎると落ちてくるまでに時間がかかり，音読のスピードとずれてしまいます。画像をコピーし，隠したい語に前から順番に貼り付けていきます。

画像をその場で画面上に現して，一部の文字を隠してもよいでしょう。

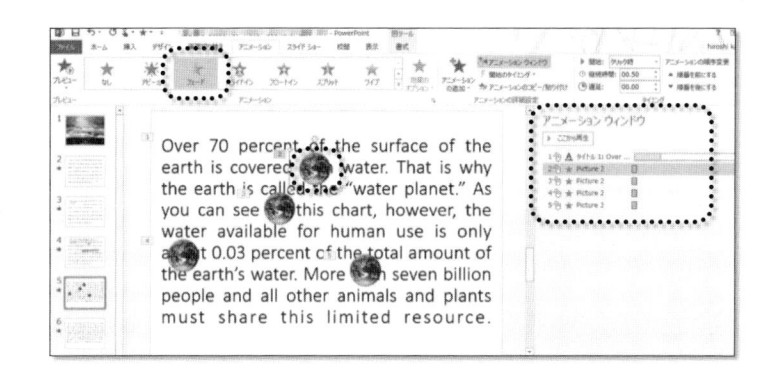

▲ ［バウンド］の代わりに，［フェード］などを選び，固定した位置で，タイミングを計り，画像を出現させます。

> **アニメーションウィンドウ**　アニメーションを設定する時は，アニメーションのタブ以外に，「アニメーションウィンドウ」（上図参照）を作成画面右側に表示させておくと，「タイミング」や「効果のオプション」の設定や，「順序の変更」などがやりやすくなります。

| 作例………6 | **文字が現れては消えていく音読** |

スキル：速読（後戻りのできない読み）音読，シャドウイング
使用場面：授業中適宜
学校種：　小　　中　　高〜
作成の難易度：★★★

☞ Step 7「アニメーション」

　文字が現れるのに合わせて読ませていきますが，ある程度すると（時間調整は可能）後を追うように，その文字情報が消えていきます。後戻りのできない読ませ方を視覚的に体験できます。

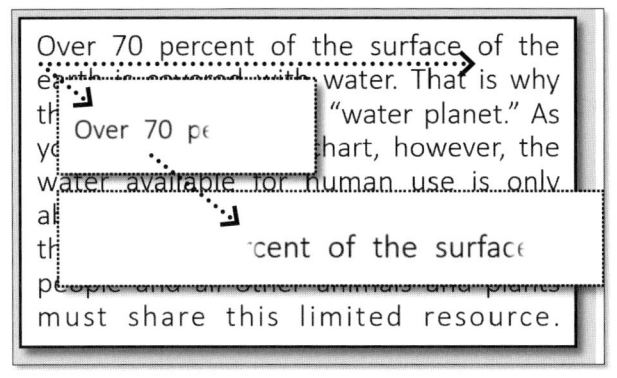

▲ テキストは全画面に入っていますが，読む部分だけが現れては消えていきます。

●授業手順
1．最初に全文を提示して音読させる。文字を徐々に消したり出したりする読み（第3章，Step 7参照）を交えながらでもよい。
2．スライドに従って音読練習。スキャニング力をあげる効果をねらっているので2〜3回繰り返す。
3．最後に全文を見ながら再度音読させる。

●作成手順

1. 基本となる画面に，開始の［ワイプ］を設定する

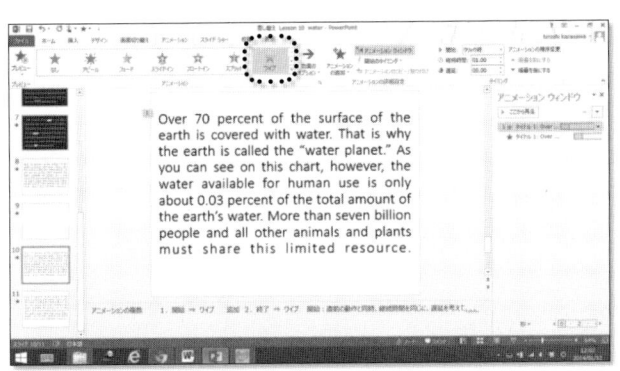

▲ 利用するテキストを呼び出し，［アニメーション］タブ→［開始］の［ワイプ］の順に選択します。アニメーション①として設定されます。

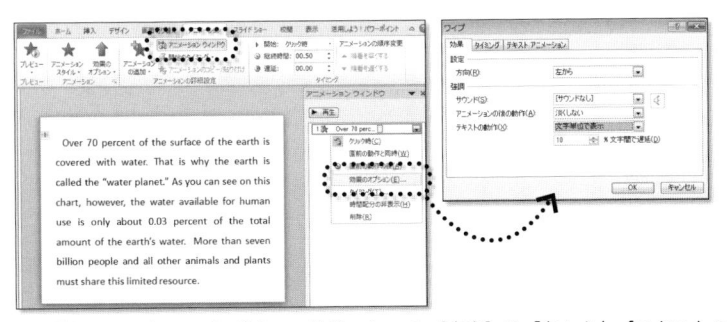

↓

▲ ［効果のオプション］ダイアログボックスで，［方向］は「左から」，［テキストの動作］は「文字単位で表示」「(10％) 文字間で遅延」に設定します（→第3章，Step 7参照）。［アニメーションウィンドウ］からも［効果のオプション］ダイアログボックスを開くことができます。

　複数のアニメーションを設定する場合は，［アニメーションの追加］から行います。［アニメーションの追加］→［終了］→［ワイプ］の順で選択すると，アニメーション②と表示されます。②についても，同様に［効果のオプション］を設定しておきます。

第4章　アイディアを生かした教材集〜実践編〜　　95

2. 動作の時間を設定する

アニメーション1と2それぞれに，[タイミング]で時間の設定をします。[継続時間]は，文字が現れたり消えたりするスピードです。1，2ともに同じ数字にします。[遅延]は，前のアニメーションから遅れる時間を設定するので，1は「0」として，2のみを調整します。文字情報をより長く見せたければより数値を大きく，すぐに文字情報を消したければ小さくします。最初は「1.5秒」くらいでテストしてみましょう。

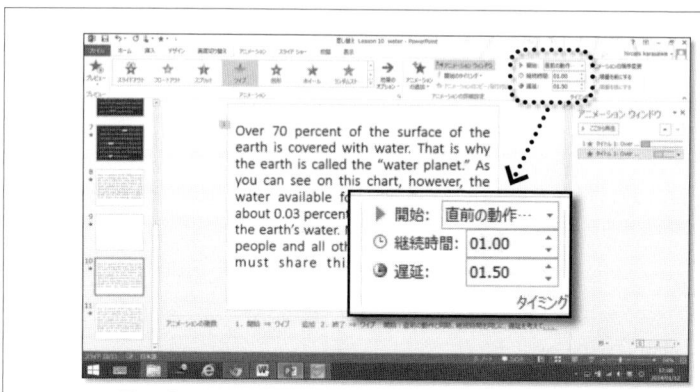

▲ 2の[タイミング]の設定方法。[継続時間]を1秒（1とそろえる），[遅延]を1.5秒（1は0秒）に設定します。何度かプレビュー表示して調整しましょう。

3. 開始のタイミングを設定する

同じく[タイミング]で，開始のタイミングの設定も行います。

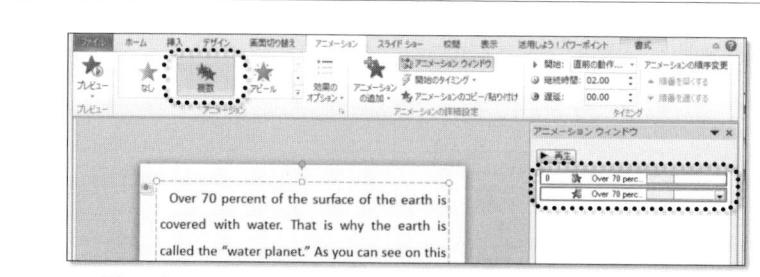

▲ 2で，[タイミング]→[開始]→[直前の動作と同時]に設定します。アニメーションウィンドウの動作位置が重なります。2つのアニメーションの設定が終わると，アニメーションの種類のボックスの中は，[複数]と表示されます。

| 作例……❼ | 文字が流れていく音読 |

スキル：速読（後戻りのできない読み）
使用場面：授業中適宜
学校種：　小　　中　　高〜
作成の難易度：★☆☆

☞ Step 7「アニメーション」

　映画のエンドロール風のスライドです。画面の下から上に文字情報が流れるようにテキストを動かします。最後にはテキストは消えてしまいます。スピードを上げて，読み終えた文字情報を早めに消すとより負荷がかかります。初見の文を黙読させるのにも向いています。

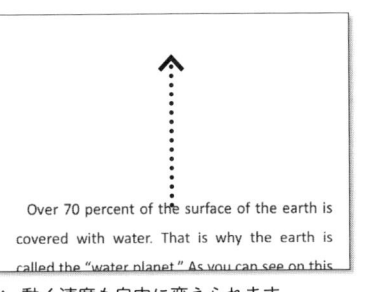

▲ 動く速度も自由に変えられます。

●授業手順
1．最初に全文を提示して音読させる。
2．文字が流れていくスライドに従って音読練習させる。
3．最後に全文を見ながら再度読ませる。

●作成手順
　基本となるスライドに，1［開始］→［スライドイン］，2［終了］→［スライドアウト］の2種類のアニメーションを設定します。方向は［上へ］継続時間は1，2ともに10秒程度が適当でしょう。2の開始は［直前の動作の後］にしておくと，なめらかな動作になります。

第4章　アイディアを生かした教材集〜実践編〜

| 作例………⑧ | 文字を消しながら音声を再生 |

スキル：速読（速度を意識した読み），音読
使用場面：授業中適宜

| 学校種： | 小 | 中 | 高〜 |

作成の難易度：★★☆

☞ Step 4「音声の貼り付け」，Step 7「アニメーション」

　テキストを表示して，音声を流しながら音読しますが，その際，読み終わった文字を，徐々に消していきます。生徒は聞こえてきた音声をすぐに発音しなければ，文字がどんどん消えていくので，緊張感をもって音読に臨みます。オーディオの挿入とアニメーションの機能を活用して作成します。

●授業手順
1．最初に全文を提示して音読させる。
2．スライドに従って音読させる。
3．再度全文を提示して読ませる。

●作成手順

1.　　　基本となるスライドに音声を挿入する

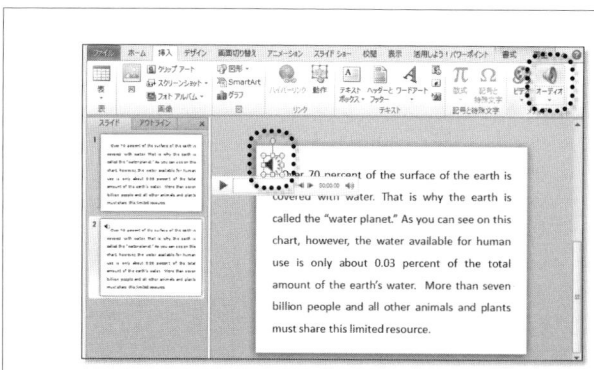

▲［挿入］→［オーディオ］から音声ファイルを貼り付けます。

98

2. アニメーションを設定し，音声と合わせる

　文字が消えていくアニメーションの設定をした上で，アニメーションの開始と同時に音声が流れるようにします。文字の消えるスピードと完全なシンクロは難しいのですが，アニメーションのスピードを調整しながらリハーサルしましょう。

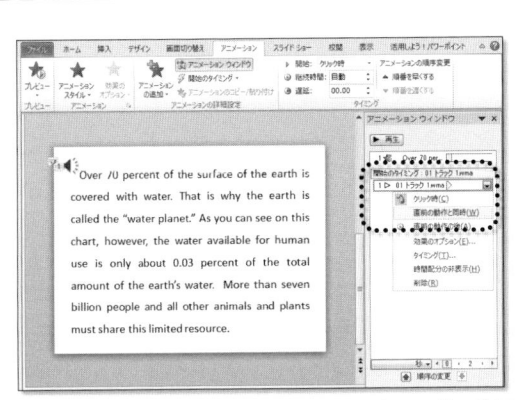

▲［アニメーション］タブ→［終了］の［ワイプ］，［効果のオプション］ダイアログボックスで，［方向］は「左から」，［テキストの動作］は「文字単位で表示」に設定します（第3章，Step 7参照）。アニメーションウィンドウで，［開始のタイミング］→［直前の動作と同時］を選択します。

　応用として，上下反転（作例③参照）したテキストを下から消していったり，現してゆくこともできます。

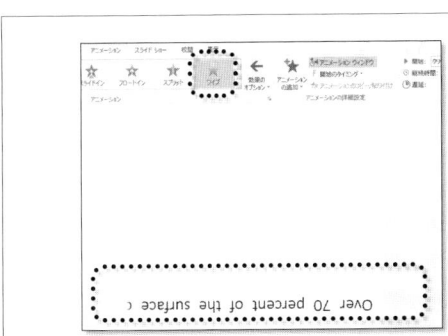

▲「ワイプ」を選び，［効果のオプション］で，「右から」を選択します。

| 作例……⑨ | スラッシュ（チャンク）リーディング |

スキル：リーディング（意味のまとまりを意識した読み）
使用場面：授業中適宜
学校種：　小　｜　中　｜　高〜
作成の難易度：★★☆

☞ Step 7「アニメーション」

　教科書の本文にスラッシュを入れた教材がよく使われますが，ここでは，PowerPointの画面で，チャンクを1つずつ示しながら音読する方法を紹介します。他の情報が見えないことで，集中して意味を確認する作業が可能になります。1チャンク毎に画面の中央に表示しても（手順2.），文字の配置はそのままで，1行ごとに順番に表示させても（手順3.），どちらでもよいでしょう。

●授業手順
1. 教科書の音読指導の際，利用する。最初は教科書で全文を音読させる。
2. スライドショーをスタートして，チャンクごとに音読させる。

●作成手順

1.　英文をチャンクごとに改行して，中央揃えする

> When we look around the world,
> one　out of every eight people
> doesn't have access to safe water.
> That means
> nearly 900 million people
> can't drink safe water!
> More people die from unclean water
> than from war.

▲ テキストボックス内で中央揃えします。（次ページコラム参照）

100

2. チャンクの数だけスライドをコピーし，1つずつチャンクを配置

クリックごとに次のチャンクが現れるようにしたり，自動的に画面が切り替わるようにすることができます。記憶に負荷をかけるワークになるので，スライドの間隔は少し時間をとり，単なる読みだけに終わらせないよう注意しましょう。情報過多になると理解度が落ちることを，いつも念頭においておきたいものです。

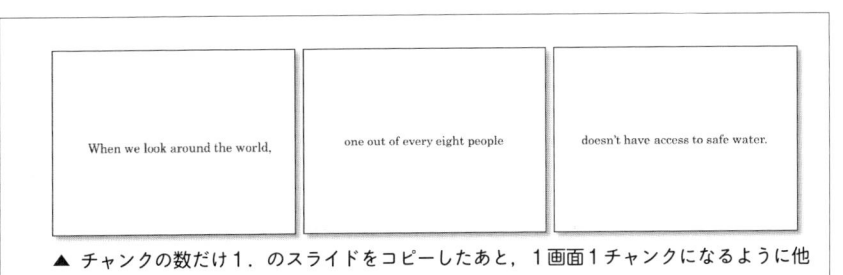

▲ チャンクの数だけ1．のスライドをコピーしたあと，1画面1チャンクになるように他の行を削除します。

> **画面の中央に配置するには** スライドのテキストボックスで［図形の書式設定］→［テキストボックス］→［テキストのレイアウト］→［垂直方向の配置］→［上下中央］と選択すれば，テキストが画面の中央に配置されます。この設定をしてから，スライドをチャンクの枚数コピーするとよいでしょう。

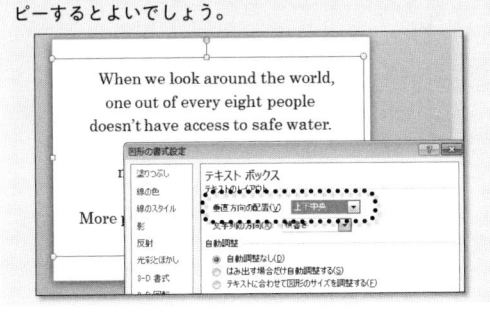

3. チャンクの位置を保ちながらスライドを作成

チャンクごとに中央に示すのではなく，全文を保持しておいて，見せたい部分だけ表示するのも効果的です。スライドは［自動的に切り替え］，［継続時間］は3秒程度にしておきます。生徒の目の移動が自然になり，読み進める感覚を持てるようになります。

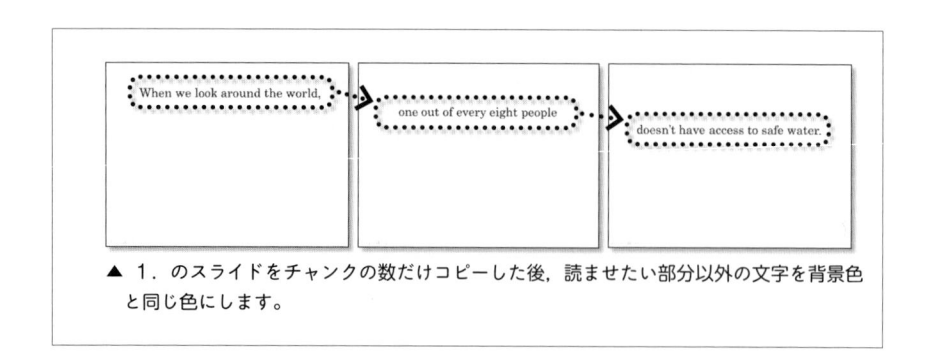

▲ 1．のスライドをチャンクの数だけコピーした後，読ませたい部分以外の文字を背景色と同じ色にします。

あるいは，フォーカスするチャンク以外を，少し見える程度の薄い色に設定しておけば，読むべきチャンクが強調されつつも，前後の内容を照合できることで，記憶への負荷は減ります。

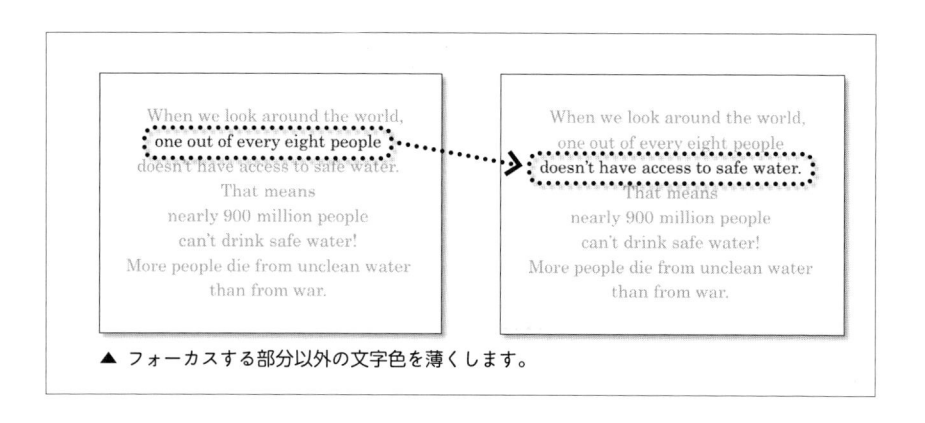

▲ フォーカスする部分以外の文字色を薄くします。

> 作例………⑩

音声付きのスラッシュリーディング

スキル：リーディング（意味のまとまりを意識した読み）
使用場面：授業中適宜
学校種：| 小 | 中 | 高〜 |
作成の難易度：★★☆

☞ Step 7「アニメーション」，Step 4「音声の挿入」，（新）リハーサル

　音声を流しながら，音声とずれないようにそのスクリプトを提示していくのは難しいのですが，チャンクごとに区切りながら読んでいる音声教材があれば，［リハーサル］機能を使うとうまくいきます。［リハーサル］は，もともとスライドショーの再生時間を記録しながらプレゼンテーションの練習をするための機能で，スライド切り替えのタイミングなど一連の流れを保存することができます。この機能を利用して，音声と画面切り替えを対応させたスライドショーを保存します。

　作例⑨で作ったスライドに音声を貼り付ける例を紹介しましょう。

●授業手順
1．教科書の音読指導の際に利用する。最初は教科書で全文を音読させる。
2．スライドショーをスタートして，チャンクごとに音読させる。

●作成手順

1. スライドの最初のシートに音声を貼り付ける

　チャンクごとに区切って読んだ音声を用意して，最初のスライドに貼り付けます。音声は，スライドを切り替えた後も再生を続けるように設定しておきます。

第4章　アイディアを生かした教材集〜実践編〜

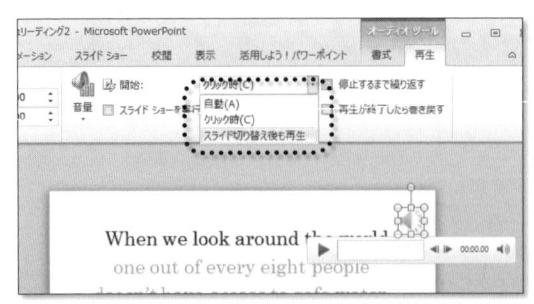

▲ ［挿入］→［オーディオ］→［ファイルからオーディオ］で，挿入したい音声ファイルを選択します。挿入されたオーディオのアイコンをクリックすると［オーディオツール］のリボンが開きます。［再生］タブ→［オーディオのオプション］→［開始］→［スライドの切り替え後も再生］を選択します。

2. 画面の切り替えのタイミングを設定する

画面の切り替えは，自動ではなくて，クリック時にします。

▲ ［画面の切り替え］タブ→［画面切り替えのタイミング］で［クリック時］にチェックを入れます。

3. 「リハーサル」で音声と文字を合わせて画面を切り替える

　［リハーサル］を開始し，流れる音声に合わせてクリックしながら画面を切り替え，スライドショーを保存します。音声とスクリプトの出現は，同時とか，少し遅らせるとか工夫してみましょう。

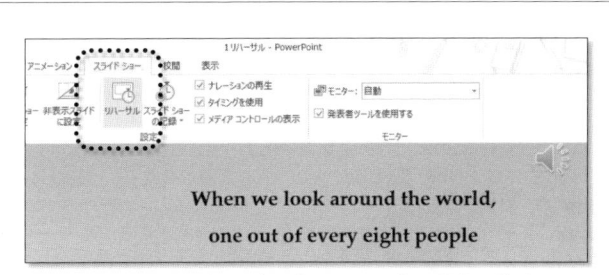

▲ [スライドショー] タブ→ [リハーサル] で記録が始まるので，音声にうまく合わせてクリックし，次のシートに移動させていきます。

リハーサルが終わったら「スライドショーの所要時間は X:XX:XX です。今回のタイミングを記録して，スライドショーで使用しますか？」というダイアログボックスが表示されるので，[はい]を選択して保存します。

4. スライドショーを行う

保存された PowerPoint ファイルには，リハーサルが記録されていますので，スライドショーを始めると，リハーサルどおりに音声が流れます。画面切り替えのタイミングを変更する場合は，再度 [リハーサル] を行い保存します。

作成した PowerPoint ファイルを映像として保存すれば (p.82参照)，メディアに入れて持ち出し，パソコン以外でも再生できます。また，洋楽を使った授業では，歌に合わせて歌詞を提示すれば，前を向いて歌わせることができます。さらに音源がカラオケバージョンなら，疑似的なカラオケになります。バラードのようなスローテンポの曲が作成しやすくお勧めです。さらに，応用として，文字を出現させるアニメーションと組み合わせて，音声の少し後からスクリプトを出現させたものを作成すると，シャドウイングの視覚的疑似体験ができます。

| 作例………⓫ | 逆さまからイチゴ読み |

スキル：リーディング（語と語の結びつきを意識した読み），音読
使用場面：授業中適宜
学校種： 小 　中　 高〜
作成の難易度：★★★

☞ Step 2「図形の挿入」，Step 7「アニメーション」

　イチゴ読み（1語1語リピートしながら読ませる）を逆さまからすることで，語と語の結びつきを意識させることができます。アニメーションでは，作例⑥⑦⑧のように，前から文字を消したり現したりすることはできますが，後ろからはできません。そこで，1語ごとに図形で単語を隠しておき，その図形を後ろから順番に消して行くことにより，英文を表示していく方法をとります。

●授業手順
1．最初に全文を提示して音読させる。
2．文字の消えていくスライドで1語ずつ確認しながら音読させる。
　　2語以上になったときは，liaison（連鎖），elision（脱落），assimilation（同化）に注意させる。
3．再度全文を提示して読ませる。

●作成手順

1.　図形を1つ挿入する

　英文 Over 70 percent of the surface of the earth is covered with water. を例にとって説明します。まず，英文を提示して，単語を隠すための図形（長方形）を1つ挿入します。

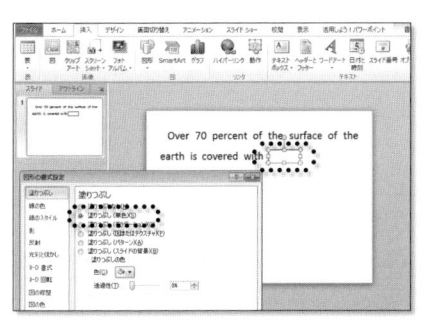

▲ ［挿入］→［図形］→［長方形］で１語が隠れる程度の長方形を作成します。右クリックで［図形の書式設定］を開き，［塗りつぶし］でスライドの背景と同じ色を選択し，［線のスタイル］で［線なし］としておきます。

2. 図形にアニメーションを設定し，単語数コピーして貼り付ける

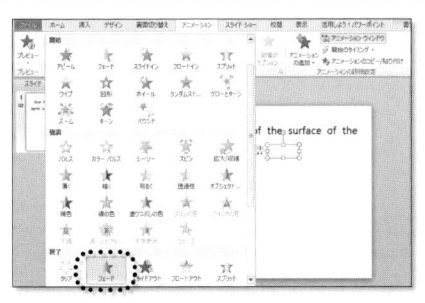

▲ ［アニメーション］→［終了］の［フェード］を選択します。続けて，その図形を単語数（ここでは13語）コピーします。②，③，…⑬とアニメーションの動作もコピーされます。

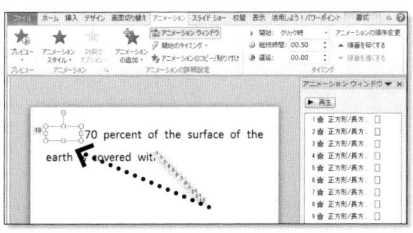

↓

▲ 先頭（⑬）から順に配置していきます。サイズは自由に変えられますので，単語の下に図を置き，左右を調整してかぶせればうまく隠れます。

第4章　アイディアを生かした教材集〜実践編〜　　107

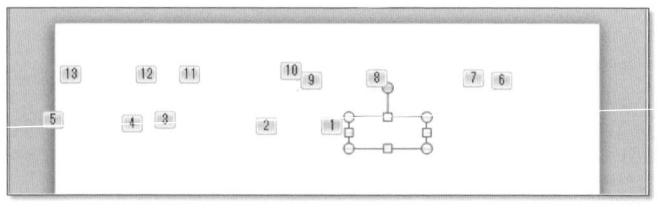

▲ すべての図形の移動が終わった画面

3. スライドショーを始める

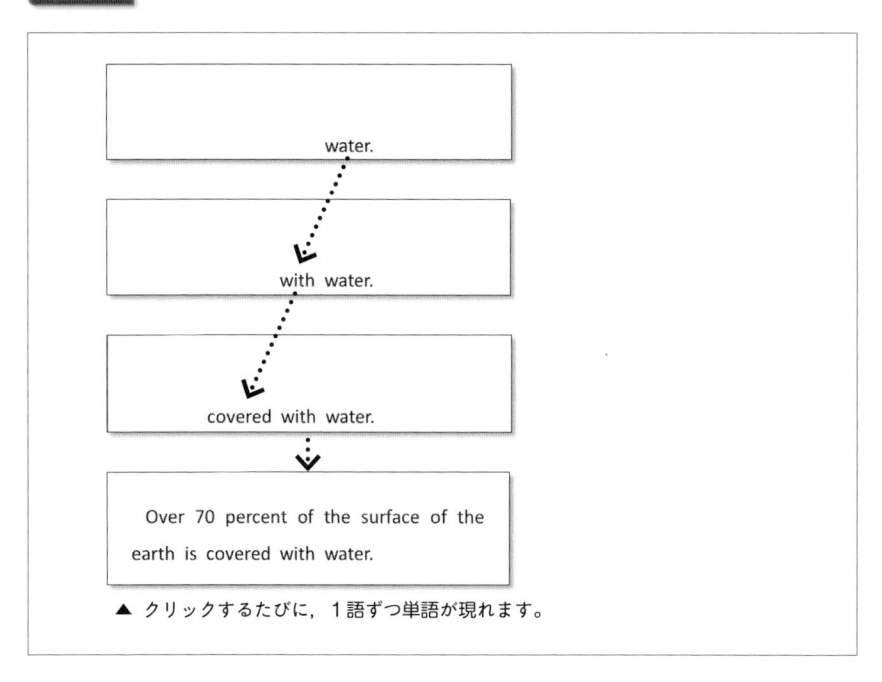

```
water.
```

```
with water.
```

```
covered with water.
```

```
Over 70 percent of the surface of the
earth is covered with water.
```

▲ クリックするたびに，1語ずつ単語が現れます。

　先生は，「水」→「水で」→「水で覆われた」のように日本語で補足しながら音読を促します。「地球は水で覆われている」というように意味のまとまりができたら，... the earth is covered with water... というように頭から読み直しをさせます。

> 作例………⑫ **タイマー**

スキル：リーディング（速度を意識した読み）
使用場面：授業中適宜
学校種： 小　中　高～
作成の難易度：★★☆

☞第3章 Step 2「スライドショー」

　初見のテキストを提示して読み取る時間を意識させたり，WPM（words per minute）を確認させたい時は，画面の自動切り替えを利用したタイマーが便利です。タイマーのフリーソフトもありますが，PowerPoint 上で自作しておけば，30秒，10秒などのタイミングで色を変えたり，表示する場所を変えたり，最終画面で文字情報を消したり，"Time's up." などの文字を出現させるなど自由自在です。タイマーを常駐させるよりも変化があり，生徒たちの目がスライドから離れません。番号を挿入するのはやや手間がかかりますがお勧めです。ここでは，60秒のタイマーを設定する方法を紹介します。

●授業手順
1．タイマーの時間内に英文を読み終わるように指示し，スライドショーをスタートする。必要に応じて，事前に単語の意味を導入しておいてもよい。
2．終了後に，読み取った内容を確認する。
3．最後に重要な語句や，フレーズをノートテイキングの要領で説明を加える。（第3章，Step 2参照）

●作成手順

1.　**基本のスライドを用意し，番号を挿入する**

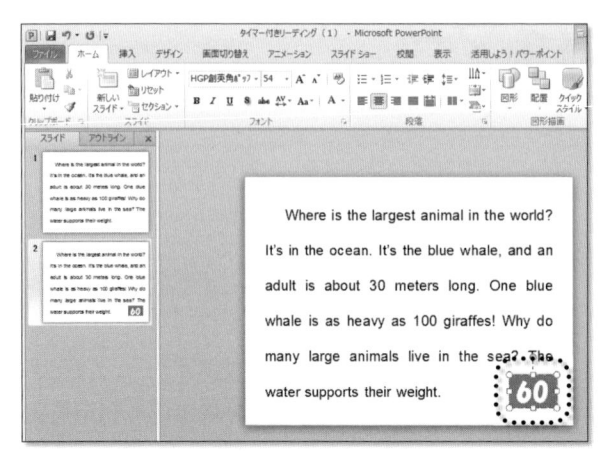

▲ 基本となるスライドを作成後，1枚コピーします。コピーしたスライドに［テキストボックス］を挿入し，"60"と入力します。

2. 番号の入ったスライドを59枚コピーする

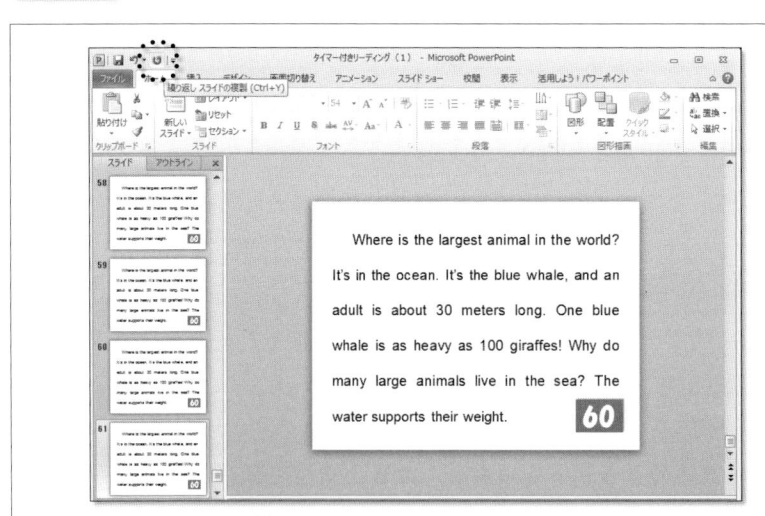

▲ ［スライドの複製］でコピーします（第3章，Step 2参照）。その後は画面左上にある［繰り返し］ボタンを枚数分クリックすれば簡単にコピーできます。

110

3. 各スライドの番号を変更し，レイアウトを工夫する

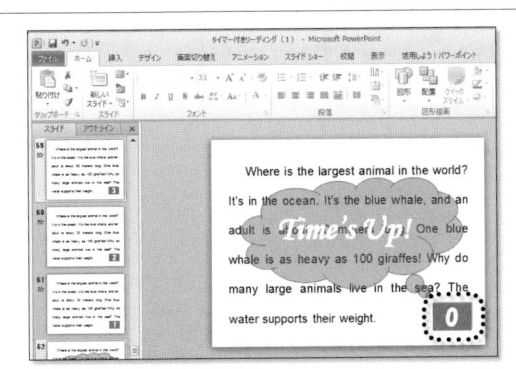

▲挿入した番号を，スライドごとに"59"～"0"に変えていきます。その際，30秒，10秒のタイミングで色を変えたり表示場所を変えてもいいでしょう。上図は最後のスライドに"Time's Up!"の文字を［挿入］→［図形］→［吹き出し］で入れてあります。

4. 画面切り替えを設定する

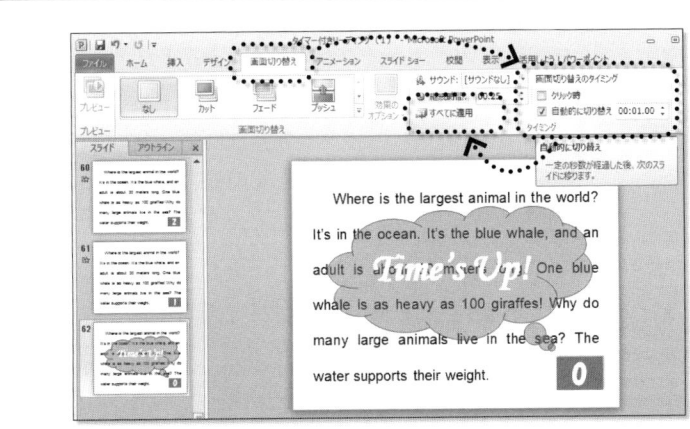

▲［画面切り替え］→［自動的に切り替え（1秒に設定）］→［すべてに適用］を選択します。

5. スライドショーを行う

［スライドショー］タブ→［最初から］で開始します。

第4章 アイディアを生かした教材集～実践編～

| 作例………⓭ | 一覧タイプの
フラッシュカード |

スキル：単語学習
使用場面：授業中適宜
学校種： 小　中　高〜
作成の難易度：★★★

☞ Step 7「アニメーション」

　作例①②で作成したフラッシュカードは，1単語ずつ表示するものでした。ここでは，1画面で複数の単語を表示する方法を紹介します。最初に一覧画面を提示すれば，生徒は学習すべきノルマがわかり，安心して取り組めるでしょう。並べてある単語カードは，1枚ずつ提示され，3回点滅して消えていきます。生徒は点滅に合わせて発音します。

　提示の順番にもひと工夫してみましょう。まず，配列順，その後はランダムに出てきます。生徒は飽きることなく発音練習に取り組みます。カードの種類は，「英語」，「日本語」，「発音記号」などです。英語が出たら日本語に，日本語が出たら英語に，発音記号が出たら英語（または，日本語）に，とルールを決めて取り組みます。さらに，音声教材を挿入（第3章，Step 4参照）しておけば，タスクの前後で発音の確認ができます。

●授業手順

1. 大きなスクリーンに提示できる環境で行う。(40インチ程度のTVモニターを使うような場合は，1画面1語の提示をお勧めします。)
2. 単語が1つずつ，配列順，またはランダムに表示されるので，動作に合わせて音読させる。その単語が最初に現れるときには教師が発音するが，その後は生徒に任せる。
3. もの足りなければ［Back Space］キーを使い，戻って繰り返す。（リモコン操作が可能なら，教師は机間巡視しながら生徒の発音をチェックする。）

●作成手順

1. 3枚ひと組の単語カードを作成

　作例②で作成したスライドをアレンジして，3枚ひと組の単語カードを作ります。発音記号のままでもよいのですが，ここでは，英語→日本語→英語の順にして，2回目の英語表記は，文字色を薄くしてあります。わずかに文字が見える程度にしておくことで，文字に頼らずに発音することを促します。

▲ 図形は，［四角形］の［対角する2つの角を丸めた四角形］を使用しています。［図形の書式設定］で，［テキストボックス］→［自動調整］→［はみ出す場合だけ自動調整する］としておけば，あとで縮小して貼り付ける際に，文字サイズも連動して縮小されるので便利です。文字の濃淡も同様にコピーされます。

2. 単語カードにアニメーションを設定する

　それぞれのスライドに，①［開始］と②［終了］の2種類のアニメーションを設定します。

＜アニメーションの設定の仕方＞

①［開始］で［フェード］を設定。［効果のオプション］の［タイミング］で，開始は［クリック時］，継続時間は1秒，繰り返しは3回にします。
②［終了］で［フロートアウト］（下に落ちていくように消える）を設定。［効果のオプション］の［タイミング］で，開始は［直前の動作の後］，継続時間を1秒にします。
＊②で，開始のタイミングを［直前の動作の後］に指定すると，2つのアニメーションが合体してアニメーションの効果には［複数］と表示されま

す（p. 96参照）。

　2枚目，3枚目にも1枚目と同じアニメーションを設定しておきます。

▲1枚目のスライドのアニメーションの設定が終わったところ。

3.　単語カードを1枚のスライドに並べて貼り付ける

　3枚1セットで1行に並ぶように，新しいスライドに貼り付けていきます。単語カードはあらかじめ必要な単語分を，別画面ですべて作っておいてもよいし，新しいスライド上でコピーしながら書き換えていってもよいでしょう。いずれの場合にも，設定したアニメーションは一緒にコピーされます。

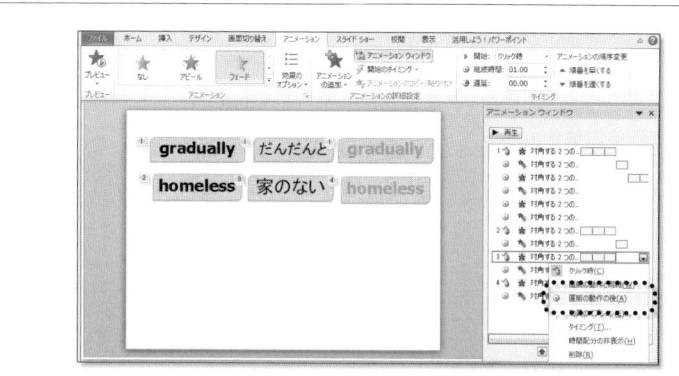

▲　大きさを調整しながら，1枚1枚貼り付けます。次々に自動でカードを表示させたければ，［タイミング］で［開始］の設定を［直前の動作の後］にしておきます。

4. 音声を貼り付ける，ランダムに配置する，などのアレンジを加える

　教科書の新出単語であれば，付属の CD などから音声を取り込み，貼り付けておいてもよいでしょう。

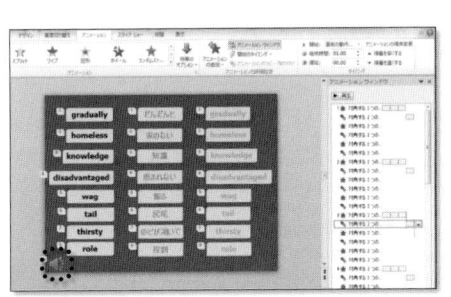

▲ ［挿入］→［オーディオ］→［ファイルからオーディオ］で，音声を貼り付けたもの。

　カードをランダムに配置すれば難易度が上がります。一覧のスライドから，適宜カードを選んでランダムに配置しますが，そのままだと元の順番に提示されてしまうので，最後にアニメーションの順序を入れ替えます。スクリーンのどこに文字が現れるかわからず，現れた文字を目で追うことになるので，飽きさせず単語学習ができます。

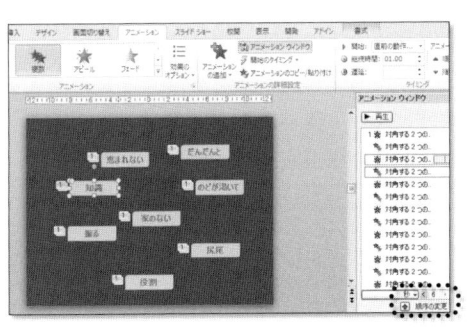

▲ ［アニメーションウィンドウ］の［順序の変更］を使って順番を適当に入れ替えます。1枚のカードには2種類のアニメーションが設定してあるので，2枚単位で入れ替えるようにします。

第4章　アイディアを生かした教材集〜実践編〜

作例………⑭	写真やイラストを活用した リテリング

スキル：要約，リテリング
使用場面：授業中適宜
学校種： 小 ／ 中 ／ 高〜
作成の難易度：★★☆

☞ Step 5 「画像の挿入」

　英文の内容に関連したイラストや図表を，英文とともにPowerPointのスライドに貼り付けておけば，必要に応じていつでも提示することができてたいへん便利です。それぞれの画像に，簡単な活動を付加しておいたり，教科書の本文をひととおり読み終わった後，画像を見せながら教科書のリテリングの活動をしてもよいでしょう。例えば下図のようなスライドです。

▲　まず，画像だけを見せた後，アニメーションで問題文を表示します。答えを考えさせた後，（　　）に入る単語をさらに表示します。答えは（planet）。

●授業手順
1．教科書の内容を確認する。
2．画像を見せながら，必要な単語やフレーズなどを考えさせたり，書かせたりする。
3．教科書の内容をリテリングさせる。

　教科書例文： Over 70 percent of the surface of the earth is covered with water. That is why the earth is called "the water planet." Almost all of the water, however, is seawater and only 0.01 percent of it is good for drinking. More than seven billion people and all other animals and plants must share this limited resource.

●作成手順

1. 画像に文字情報を入れ，イラストレーションを設定する

▲ 地球のイラストを挿入した後，テキストボックスに，"＝ The water（planet）"と入力します。答えの部分は，図形の長方形を貼り付けて隠します。(作例④参照)。テキストボックスと長方形にそれぞれアニメーション①，②を設定します。

＜アニメーションの設定の仕方＞
① ［開始］で［フェード］など好みのもの（スタイルによっては，開始時に，解答が表示されてしまうものもあるので注意）。
② ［終了］で［フェード］など。

　まず，地球の画像を見せた後，問題文を提示して（　）に入る単語を言わせます。教科書の文 The earth is called "the water planet" と誘導して，再度 the water planet を発音させ，全文をもう1度読ませます。最後は文字情報を消すと印象的でしょう（③で，テキストボックスに［終了］の［フェード］を追加）。

●その他の例

＜グラフを使用＞

上記と同じ手順を適宜踏みながら，Over 70 percent of the surface of the earth is covered with water. の部分について，発話を促してゆく。

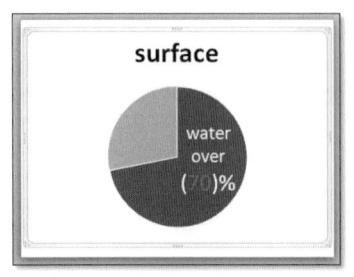

▲（　）内を図形で隠しておく。

＜クリップアートからサンプル写真を使う＞

Only 0.01% is good for drinking. を引き出す。

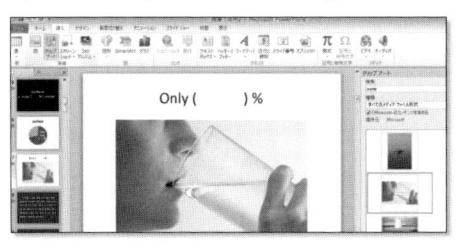

> **SmartArt** ストーリーをまとめるのに、イメージ化したり、チャート形式で流れを見せたい時には、SmartArt を使って、情報を視覚的にみせる工夫ができます。[挿入] タブ→ [SmartArt] で開きます。

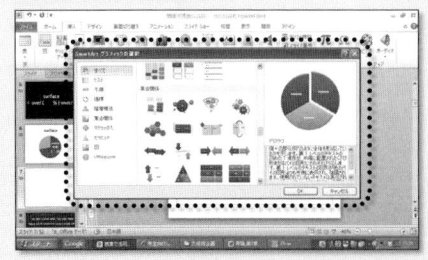

| 作例………⑮ | 入試問題の速読訓練 |

スキル：リーディング（速読・スキャニング・スキミング）
使用場面：授業中適宜
学校種： 小 中 高〜
作成の難易度：★☆☆

☞ Step 7「アニメーション」

　長文問題を解くには，スキャニング，スキミングの訓練が効果的です。入試問題のテキストを用意し，内容語を濃い色で，機能語を薄い色で表示して，頭から徐々に表示しながら内容語だけを音読していきます。生徒に，スキャニングやスキミングのイメージをつかませることができます。アニメーションのスピードを変えれば負荷をかけていくことも可能です。

●授業手順
1．最初に全文は見せない。
2．スライドショーをスタートして，内容語だけを音読させ，内容把握問題（T/F 問題）などを解く。
3．全文を提示して音読をして終了。

●作成手順

1. 速読させたい教材を用意する。

> Mr. Matsumoto is an English teacher who believes English classes should start with a joke. He always tried hard to create funny jokes. Some of his students have complained about his jokes being a waste of time. His colleagues also have advised him not to spend so much time writing jokes. However, Mr. Matsumoto is such an obstinate person that he will not listen to them and continues to spend a lot of time making up jokes for his class.
>
> （2012年センター第2問A）

▲ 英文を貼り付けます。1画面に収まる分量が理想です。

第4章　アイディアを生かした教材集〜実践編〜

2. 内容語と機能語の色を分ける

```
Mr. Matsumoto        English  teacher
believes English classes      start      joke.
        tried          create  funny jokes.
Some     students     complained      his
jokes     waste   time.  colleagues
        advised    not    spend      time
writing jokes.       Mr. Matsumoto
    obstinate person         not listen
         continues    spend        time
making    jokes
                              （2012年センター試験A）
```

▲ 機能語をスライド背景と同じ色，または薄くわずかに見える色に変更します。

3. アニメーションを設定する

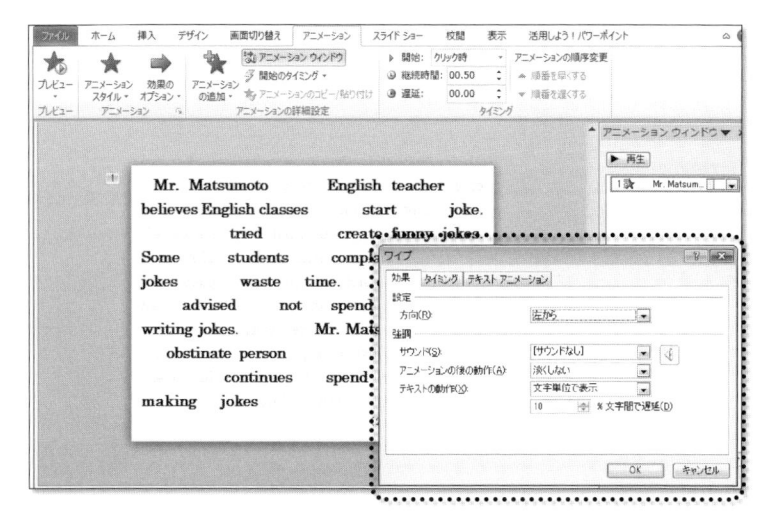

▲ ［アニメーション］→［開始］の［ワイプ］，「効果のオプション」→「左から」，「テキストの動作」→「文字単位」を選択します。（第3章，Step 7参照）

4. スライドショーを行う

　再生の速度を設定（第3章，Step 7参照）した上で，スライドショーをスタートします。

| 作例………⑯ | リスニング問題と音声を組み合わせる |

スキル：リスニング，リーディング
使用場面：教材導入時，終了時
学校種：　小　　中　　高〜
作成の難易度：★★☆

☞ Step 4「音声の挿入」，Step 5「画像の挿入」

　大学入試センター試験のリスニング問題をPowerPointで表示してみましょう。問題用紙上に，音声とリスニングスクリプトを貼り付けておけば，音声の再生からスクリプトの確認までシームレスに行えます。このスライドは，典型的な入試問題の解法の説明に向きます。授業の最後の5分とか，導入の5分などに，レッスン本題の内容に絡めて行うと効果的です。

●授業手順
1．リスニングの問題用紙を提示する。
2．音声を流して（本試験では2回），各自解答させる。
3．答え合わせとともに，画像下のテキストを表示させる。
4．音声とともに，スクリプトの確認をしながら音読練習。
5．類似問題の演習。音声だけで，問題はハンドアウトを用意してもよい。

●作成手順

1.　大学入試センター試験のリスニング問題を画像で貼り付ける

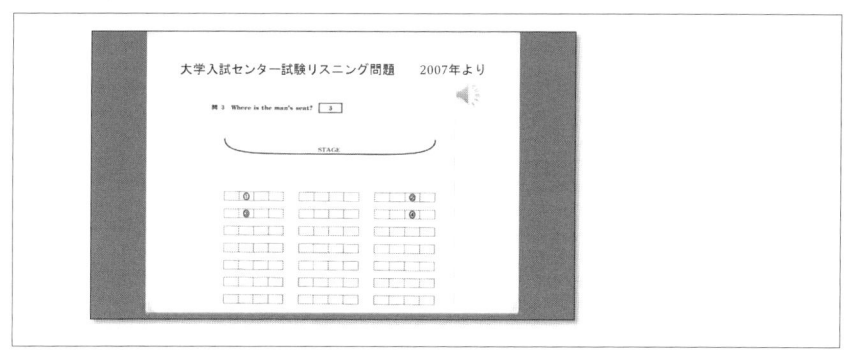

第4章　アイディアを生かした教材集〜実践編〜

> **入試問題の利用に際して** 大学入試センター試験の過去の問題や各大学，高校の入試問題はウェブサイトで公開されています。PDF 形式の場合が多いので，必要な箇所を切り取って画像ファイルとして貼り付けます。(Adobe Reader では，[編集] タブ→ [スナップショット] で必要な部分を指定すると，画像がコピーされるので，直接 PowerPoint に貼り付けることができます。)
>
> なお，入試問題使用に際しても著作権に配慮することが必要です。詳しくは，第5章8「著作権とは何か」(p.145) を参照してください。

2. リスニングの音声を貼り付ける

第3章 Step 4の要領でリスニングの音声を貼り付けます。センター入試のリスニング試験の場合，過去3年間のデータが「大学入試センター」のウェブサイトから取得可能です。

3. リスニングスクリプトを貼り付け，アニメーションを設定

リスニングスクリプトや解答も同じく PDF で提供されているので，必要な部分をコピーして画像として貼り付けます。[開始] のアニメーションを設定して，必要なときに表示できるようにします。

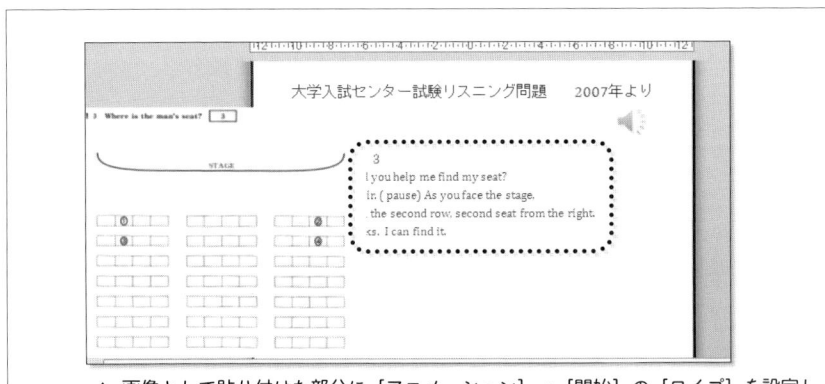

▲ 画像として貼り付けた部分に [アニメーション] → [開始] の [ワイプ] を設定し，[タイミング] で [クリック時] に設定します。

> **音声データがない場合** IC レコーダーを使って，ALT に音声を吹き込んでもらいましょう。IC レコーダーで録音したものは，パソコンで簡単に編集できます。

| 作例………⑰ | 発音指導サイトにリンクを設定する |

スキル：発音指導
使用場面：授業中適宜
学校種： 小　中　高
作成の難易度：★☆☆

☞ Step 8「ハイパーリンク」

　教室にインターネット環境があれば，Internet Explorer や Google Chrome のようなブラウザーを呼び出して，適宜必要なウェブサイトを表示して授業に活用することができます。

　PowerPoint を使った授業の流れの中では，スライド上に効果的にハイパーリンクを設定しておけば授業運びがよりスムーズです。ここでは，ターゲットとなる単語に発音指導のサイトへのリンクを張っておく例を紹介します。

●授業手順
1．学習するテキストを表示する。
2．新語を導入する。意味を確認した後，外部リンクを開き発音練習させる。
3．必要に応じて何度も映像を出し繰り返し練習させる。

●作成手順

1.　参照させたいウェブサイトを開き，URL をコピーする

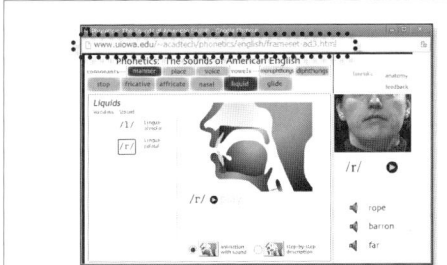

◀ Phonetics: The Sounds of Spoken Language

(http://www.uiowa.edu/~acadtech/phonetics/)

第4章　アイディアを生かした教材集〜実践編〜

2. 基本となるスライドにハイパーリンクを設定する

　教科書本文等の入ったスライドを準備し，新語の部分に，発音指導サイトへのハイパーリンクを設定します。設定が終わると，ハイパーリンクの部分が下線付きの青字になります。

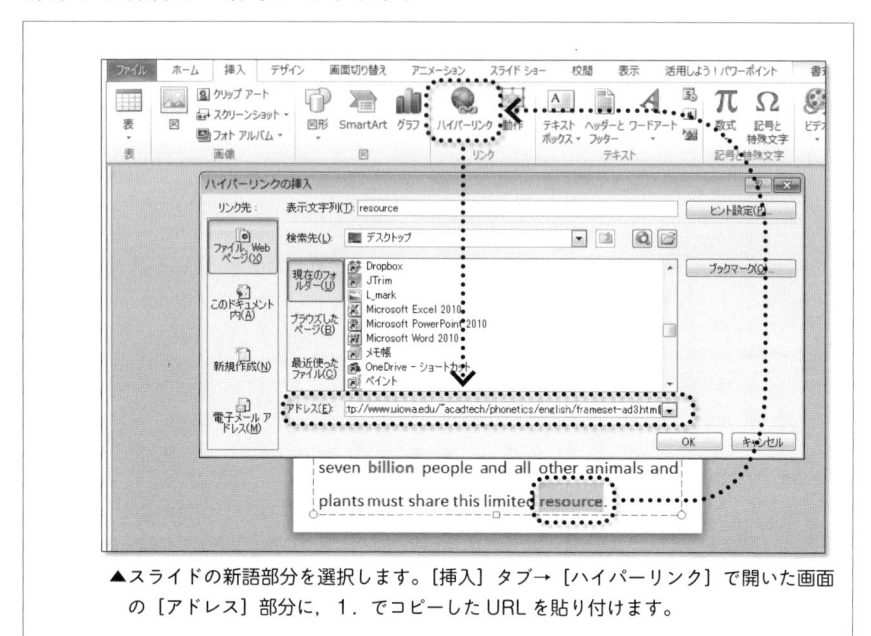

▲スライドの新語部分を選択します。[挿入] タブ→ [ハイパーリンク] で開いた画面の [アドレス] 部分に，1. でコピーした URL を貼り付けます。

3. スライドショーでハイパーリンクを開く

　スライドショーの途中で，ハイパーリンクを設定した部分をクリックすると，インターネットが別画面で開きます。発音指導の他，教科書などのトピックを深めるためのサイトもお勧めです。例えば，"Adult Learning Activities"はジャンル別に，さまざまな英文と音声が収録されていて，教科書のトピックを深めていくのに使えます。（第6章 p. 159参照）
　(http://www.cdlponline.org/)

| 作例………⑱ | 発音指導サイトから映像を貼り付ける |

スキル：発音指導
使用場面：授業中適宜
学校種： 小　中　高〜
作成の難易度：★★☆

☞ Step 6「映像の挿入」

　インターネット上には，世界中の英語学習者や英語教師に向けてさまざまな情報を提供するサイトがあります。その中で，発音指導をする際，とても便利なサイトが，"BBC learning English"の中にある"Grammar, Vocabulary & Pronunciation"<Pronunciation tips>です。ビデオや音声，発音記号や単語例などが無料でダウンロードできます。ここでは，ダウンロードしたデータを適宜PowerPointに貼り付けて，発音指導のスライドを作成してみましょう。（http://www.bbc.co.uk/worldservice/learningenglish/language/）

●授業手順
・新語の導入時などに適宜使用する。
・必要に応じて何度も提示して，繰り返し練習させる。

●作成手順

1.　発音記号やビデオ等をサイトからダウンロードする

　PDFまたはビデオのダウンロードを選択すると，その画面が表示されるので，右クリックして［名前を付けて保存］で，自分のパソコンに保存しておきます。

> **ビデオのファイル形式**　上記のサイトの映像は，mp4というファイル形式です。PowerPoint 2010までは対応していないので、貼り付けるには、WMVか、AVIのファイルに変換しなければなりません（第3章 Step 6, p.69参照）。なお，PowerPoint 2013からはmp4ファイルを貼り付けることができるようになりました。ビデオファイルの変換ソフトは無料のものがありますので利用しましょう。Craving Explorerは，YouTubeなどの動画サイトからいろいろなファイル形式でダウンロードするのが簡単で，お勧めです。

第4章　アイディアを生かした教材集〜実践編〜

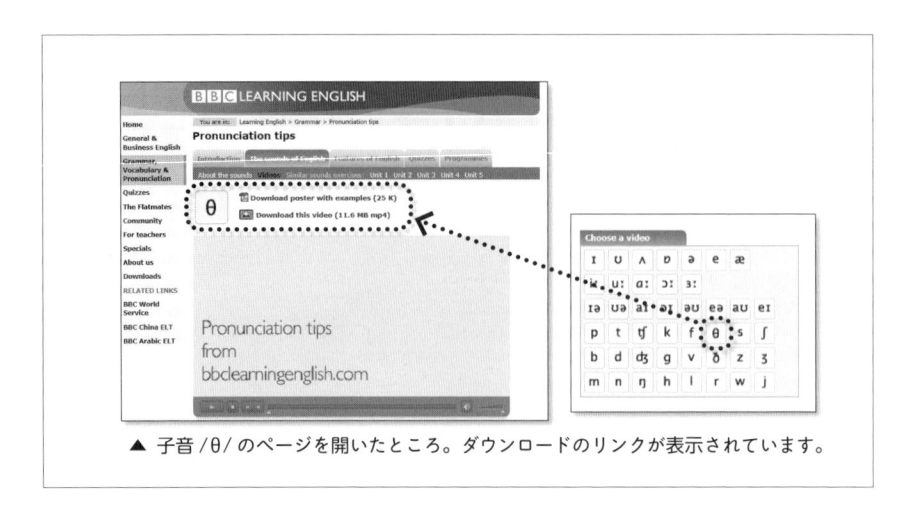

▲ 子音 /θ/ のページを開いたところ。ダウンロードのリンクが表示されています。

2. PowerPoint の画面に組み合わせて貼り付ける

　取り込んだファイルを貼り付けます。文字データとともにレイアウトを工夫するとよいでしょう。

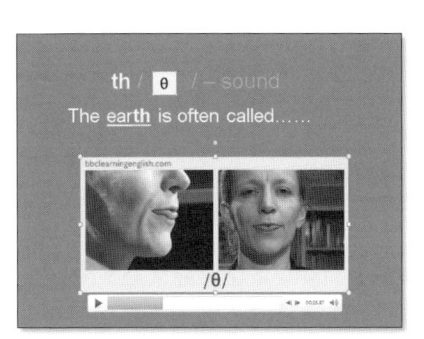

▲ スライド例。ウェブサイトからダウンロードした発音記号や単語例，ビデオなどを貼り付けます。PDF から貼り付ける場合は，Adobe Reader のスナップショット機能を使うと便利です（作例⑯コラム「入試問題の使用に際して」参照）。

5
効果的なICT活用のために

1. ICT活用教育についての悩み

　筆者たち（唐澤・米田）は，全国いろいろな場所で，ICT活用教育についての講演をする機会があります。そこで聞こえてくるのは，やり甲斐やICT活用教育の成果の声ばかりでなく，不安や悩みも多いのが現状です。特に多く聞かれる要素を挙げてみましょう。

○ICT教育の効果
　・思い切って導入してみたもののいまひとつ効果が実感できない。

○ICT環境
　・活用したくても，機器の台数が不足している。
　・授業でICTを活用するための準備に時間がかかりすぎる。

○カリキュラム
　・カリキュラム上，授業のどのような場面でICTを活用すればよいかがわからない。

○授業中のトラブル
　・機器の操作から生徒の反応まで，予期せぬトラブルが多く対応しきれない。

○教員のICTスキル
　・教員のICT操作スキルが足りない。

○人材育成・運用体制
　・活用をサポートしてくれる人（同僚，外部専門家など）がいない。

○生徒のICTモラル
　・不適切なインターネットを閲覧したり個人情報を公表してしまう，配慮のない書き込みをするなど，情報モラルに関するトラブルが多い。
　・明らかな"コピペ"のレポートがあり嫌になる。

　このような問題点を，どのように解決していくか，この章では詳しく紹介し，より効果的なICT活用授業について考えます。是非，明日からの授業に役立ててください。

2. ICT活用教育の効果について

▶──実証データから

　ICT活用授業に関する実証実験に携わった教師の多くが，生徒の学力や学習意欲の向上に「効果がある」と回答しています。ワンクリックで関連画像等を表示できる手軽さから，教師の仕事をICT機器に丸投げし，説明中心の一方通行の授業になってしまうのではないか，という不安の声もあるのは事実です。しかし，「組み立て方と工夫次第で，生徒の参加を促せる」，「機器に依存するのではなく，教師の弱点を補い，活動を活発にするための補助として使う発想が大切」という意見が大多数です。

　小学校では2011年度から新学習指導要領が始まり，指導者用デジタル教科書が提供されています。それに先だって行われた，「教科指導におけるICT活用と学力・学習状況の関係に関する調査研究」(2009年度「学力調査を活用した専門的な課題分析に関する調査研究」(文部科学省実施))では，国語や算数でデジタル教材や指導者用デジタル教科書を活用すると，いろいろなテスト問題の正答率が上がる，という調査結果も出ています。

　最近の，ICT活用事例は，文部科学省委託「国内のICT教育活用好事例の収集・普及・促進に関する調査研究」で詳しく知ることができます(http://www. eduict. jp/biz/)。ICT活用というと，目先のもの珍しさ，斬新さに目が行きがちですが，この調査では選定のポイントとして，「ICTの活用成果が見られ，児童生徒の変容が期待できる」という項目があり，それを満たす好事例が厳選されています。また，小・中・高におけるICT機器の活用状況，活用スタイルなどのデータが掲載されていますので，最新の授業実践例として参考になります。

▶──「身に付けさせたい力」を見極める

　学校教育の目的は児童・生徒に「わかった気にさせる」ことではなく「本当に理解させる」ことであり，また，自分の考えを筋道立てた文章に

よって説明する能力を養うことでもあります。教師が、デジタル教科書の「プレゼンテーションによって理解させた気になった」り、児童・生徒に「魅力的なスライドを作ることが大切だ」と誤解させるような事態が発生しないための配慮が必要です。

　子どもたちに身に付けさせたい力を考える時、目先の学力ばかりでなく、グローバル化、情報化が加速度的に進んでいく社会を生きていくために必要な力を、どのように身に付けさせればよいか、という視点が重要なのは言うまでもありません。次に引用するのは、教育の情報化の第一人者として積極的に活動を続けておられる清水康敬氏のことばです。

　　……ツールに関する検討は、本来、これら（＝子どもたちに身に付けさせたい力）が決まった後にするものです。しかし今掲げられている目標では、ツールが先に来ています。ツールはどれを選んだとしても、何らかの限界がありますから、その中にすべてを押し込めていかなければなりません。それにどんどん新しいツールも出てくるわけで、どれがスタンダードかと決められません。5年後は、今のツールとは変わっているのですから。その意味で、「必要な能力」という視点で目標を立てていれば、ツールは時代に合ったものを選べます。またもう一つ、対象とするのが小中学校だけでいいのかという問題もあります。社会に出たあとに求められる能力が必要なのですから、高校や大学、社会人、高齢者の教育までつながった、一生涯を通じた能力について議論しなくてはならない。その中で、小中学校で必要な力は何かを考える、そういう目標を作ってほしいと思います。

　　　　　　　　　　　　　（清水康敬氏「New Education Expo 2010」にて）

3.　学校のICT環境をどう整えるか

▶──環境整備に必要なこと

　学校においてのICT環境の整備をする場合には、次の5つが必要にな

ってきます。もちろん予算や必要に応じて導入の順番は変わります。

1．授業や校務においてICTを利活用できる通信環境の整備

　校内LANの整備がまず最初です。校内のどの教室でもインターネット接続が可能になり，ICTを活用する授業がより充実します。最近は，加えて無線のネットワーク環境を導入する例も増えてきました。

2．児童，生徒一人ひとりに適応した教育を行うための情報機器の配備

　特に普通教室における機器としては，コンピューター，プロジェクター，実物投影機，電子黒板，デジタルカメラ等が使用されることが多いです。情報教室では加えてプリンター，スキャナーなどが加わります。（第1章参照）

3．ICTの利点を活かした情報教材・コンテンツの開発・拡充

　ハード面が整っても，それで使える教材（ソフト）が少ない，という悩みもあります。教科指導に用いる学習用ソフトウェアには，ドリル学習型，解説型，問題解決型，シミュレーション型，表現・コミュニケーション用のツール型，情報検索用のデータベース型など，さまざまな種類があります。これらを組み合わせることで，学習効果を高めることが可能になります。自分の生徒や授業スタイルに合った教材を自作するのも有効です。既成のものも取り混ぜて活用すれば，さらに効果が期待できます。

4．校務システムの全校への導入

　成績処理，時間割作成，保健管理などに用いる校務用ソフトウェアを活用すると，さらに効率的に校務作業を進めることができます。

5．機器の簡単なメンテナンス

　コンピューター，実物投影機，電子黒板などについては，定期的に起動・動作の確認を行うようにします。また，授業後には，作成したファイルやフォルダを確認・整理したり，ウイルスチェックなどのセキュリティ対策を行う必要があります。

▶──学校における ICT 環境の整備状況

　では，現在学校では，どの程度の ICT 整備が進んでいるでしょう。文部科学省は，毎年，全国の公立小・中・高校を対象に，「学校における教育の情報化の実態等に関する調査」を実施しています。調査の２つの大きな柱は「学校における ICT 環境の整備状況」と「教員の ICT 活用指導力」です。この調査結果から，学校の ICT 環境について見ていきましょう。

　2012年度の調査（2013年３月現在）によると，全国の公立小・中・高校での LAN 設備の普及率は平均84.4％（うち無線 LAN は23.3％），高速インターネットへの接続は98.6％にのぼります。校務用 PC の整備率は108.1％で，年々着実に増加しています。コンピューター１台あたりの児童生徒数については，平均6.5人に１台でした。徐々に台数は増えてはいますが，グループ学習・協働学習の用途を考えると最低４人に１台は欲しいところです。今後，１人１台の学習者用のタブレットが普及するにつれ，改善されていくことが期待されます。

　タブレットの利用について，最近の新しい動きとしては，パソコン教室の PC をタブレットにする例（群馬県前橋市，栃木県大田原市，東京都墨田区，…），将来的に全員，または班に１台の導入を想定してモデル校での実践を始めた例（東京都荒川区，東京都多摩市，大阪府大阪市，大阪府堺市，大阪府箕面市，兵庫県姫路市，佐賀県武雄市，…）のほか，高校生１人１台，年次進行で導入を進めている佐賀県や，特別支援学級の全児童に導入した岩手県宮古市など，生徒用タブレット端末が今後ますます普及していくのは間違いありません。

　大事なことはインフラ設備において，自由に，またどこでも使える機器が学校現場の中にどれだけ効果的な形であるかということです。導入さえすれば，ICT 活用が進むとも言えないからです。

4. カリキュラムにどう組みこむか

　個人的には，授業の中の3〜4割程度のICT活用でも十分効果があると考えます。逆に，全てをICT化するとかえって指導効果が下がることもあります。初めて取り組む場合は，少しずつICTを活用してそのメリット，デメリットを理解した上で，授業で効果的に活用してもらえたらと思います。

　授業での教師のICT活用の留意点を2つ挙げます。

1．ICT活用の場面やタイミングをつかむ

　授業の導入時に，電子黒板で画像や映像を示すことによって生徒の興味・関心を高めることができます。授業中，ことばで説明するだけではわかりにくい部分は，生徒に応じた動画や素材を選び，提示することによって理解を深めます。その際，提示したものについてきちんと指示や説明ができるかどうかも大切です。学習課題に取り組む際も，デジタル教科書や実物投影機を活用して課題部分を大きく提示することによって，どの部分をやればよいのかを周知徹底させることができます。

　タブレットを活用すれば，個人のペースで課題に取り組むことができます。家庭でも同様にタブレットを活用して，予習や復習ができます（動画教材やアプリなど）。

2．指導目的に応じて，ICT機器を選択する

　上記のように，電子黒板や実物投影機，タブレットなどを場面や目的に応じて適切に選びます。また，デジタルとアナログをどのように効果的に融合させるかということもポイントになります。重要な事項は板書をして，それを生徒が手を動かしてノートに写す，という従来通りの方法も併用していきます。

　1時間の授業の中で，年間の計画の中でどの場面で使うか，また使わないかなどカリキュラムに応じて考える必要があります。第2章の「授業モデル」(16ページ)も参照して下さい。

5. ICT活用で陥りやすいトラブルとその対処法

　実際にICTを活用して授業を行っていると，トラブルやICTを導入したことによってデメリットが生じることがあります。よくあるICT活用やプレゼンソフトのトラブルとそれらへの対策を紹介します。

1．事前にスライドを作成してしまっているので，当日急な変更などがある場合に内容を変えにくい

⇒対策…まず，スライドは直前まで修正可能です。内容によってはその場でも変更は可能です。また，時間によって選べるよう，いくつかのパターンで，少し多めにスライドを用意しておくとよいでしょう。慣れないうちは最初から音声などを貼り付けたりしないで，別々に使い分けるといいかもしれません。

2．操作に慣れておらず，セッティングに時間がかかったり，トラブルが起こったときに対応できないことがある

⇒対策…とにかく設定が面倒くさい，持ち運びがたいへん，とICTの活用では設定に対する不満の声が目立ちます。また，授業中にフリーズするなどトラブル対応が怖いという声も多く聞かれます。できるだけ手間のいらないようにするには，ひとつの教室をICT活用の部屋にしてしまい，スピーカーなども据え置くことが一番便利です。しかし，それが無理な場合は，カートなどを利用してできるだけコンパクトにして運ぶ，という事例も多くあります。生徒に設定させるという例もあります。万一，パソコンがフリーズしたり，音が出なくなったりしても，焦る必要はありません。先生の肉声と黒板に切り替えればよいのです。授業中に生徒の前で慌てたり，機器の修復に時間を費やすのは禁物です。

3．プロジェクターの性能によっては，部屋を暗くしないと見づらかったり，文字が後ろの席から見えにくかったりすることがある

⇒対策…プロジェクターを購入するときは，くれぐれもどのような環境で使うのか確認してください。またプロジェクターだけでなく，どこに映し出すのか，スクリーンなのかホワイトボードなのか，またそのサイズ

もあわせて考えておくことが必要です。午前と午後で光の入り方が違うので，プロジェクターに合わせてカーテンを購入したとか，午後は席を移動させるなどという事例もあります。

4．授業が単調になり，生徒が眠くなりがちな授業になることもある

⇒対策…話し方や，（スライドの）見せ方をうまく工夫しないと単調になります。この点は，黒板とチョークでも同様です。カラフルなスライドやアニメーション，動画，音声は，生徒を注目させたいときに有効です。教室の雰囲気を見ながら活用しましょう。

　なお，PowerPointを多用した授業は，どうしてもスピードが速くなりがちです。生徒が十分に内容を理解するための時間的余裕を与えるために，質疑応答の時間を入れることをお勧めします。動画教材などは，事前にどこに注目するとよいかという指示を与えてから見せることも効果があります。

5．ノートのとりかたの指導がしにくいことがある

⇒対策…メディア機器によって示された情報は，生徒があとで利用することができない場合がよくあります。グラフや図表，動画を見ながら話を聞いていて，よく理解ができたとしても，授業のあとで忘れてしまっていることもあります。そのためにハンドアウト（プリント）類を準備しておくことをお勧めします。授業でプロジェクターを使って話をしたとしても，同時にハンドアウトに印刷してポイントを書き込ませたりすることにより，それぞれのメディアの欠点を補うことができます。

6. ICT活用指導力についての問題

「学校における教育の情報化の実態等に関する調査」（p.86参照）から，今度は「教員のICT活用指導力」について見てみましょう。2007年2月に「教員に必要となるICT活用指導力」として，5つの大項目と18のチェック項目から構成された「教員のICT活用指導力のチェックリスト」が公表されました（次ページ）。毎年このリストによる自己評価を元

に，教員のICT活用指導力がどの程度か調査されており，文部科学省が調査結果を発表しています。

　2012年度版で，「わりにできる」「ややできる」と答えた人の数が多い順に紹介すると，A「教材研究・指導の準備・評価などにICTを活用する

教員のICT活用指導力のチェックリスト＜中学校・高等学校版＞
（文部科学省・http://www.mext.go.jp/a_menu/shotou/zyouhou/129601.htm）

能力」の項目に関して79.7％，E「校務にICTを活用する能力」は75.5％，D「情報モラルなどを指導する能力」74.8％，B「授業中にICTを活用して指導する能力」67.5％，C「児童・生徒のICTの活用を指導する能力」63.7％の順になっています。授業で実際にICTを活用しながら行う指導に関わる項目（B，C）がやや低いと言えます。いずれも，テクニックや慣れが必要です。研修や勉強会などで，今後いっそう指導技術を磨いていく必要があるでしょう。

　世界的に見ると，2009年1月に，スタンフォード大学のHubbard博士を中心とするTESOL学会から，語学教員の身につけるべきICTスキルのガイドライン（学ぶ側のガイドラインもあります）が出されました。日本の英語教員だけが，例外的にICTを避けて教育に携わることは，今後はますますあり得ないと言えます。

7. ICT教員研修，人材養成

▶──リーダーと支援員の必要性

　ICT活用教育は，授業を行う教師だけでは成り立ちません。今後，ICT支援員の導入が，ますます重要になってくると思われます。支援員は，学校または地域単位で，授業におけるICT活用を支援する外部人材です。機器のトラブル対応などの技術面の支援だけではなく，ICTを活用した授業法の相談や支援といった，内容面を重視する必要があります。大変ですが，教員一人ひとりの状況に応じた対応が求められます。

　また，これまで述べてきた，ICT環境の整備や教員のICT活用スキルの向上など，すべてを左右するのが，校長などの管理職や，ICT担当教員，支援員がいかにリーダーシップをとれるかです。効果が上がるのは，授業だけではありません。校務で効果的にICTを活用できれば，教師が児童・生徒の指導により多くの時間を割くことができます。また，多くの情報の分析や共有が可能になるので，学習指導や生徒指導等の教育活動がさ

らに充実していきます。

　このように，ICT活用教育を推進していく上で欠かせない，管理職や支援員，そしてもちろん授業をする教師自身のICT活用力をどのように高めていくか，その研修の実際についてご紹介しましょう。

▶──教員研修で大事なこと

　文科省の「教育の情報化に関する手引」検討素案（2008年）では，ICT活用指導力を高める研修を実施するに当たって，以下の重要な5項目を挙げていました。特に，研修を主催する場合には，研修の対象者と目的を，5項目に照らしながら明確にしていかれるとよいと思います。

1. ICT活用のねらいや方法が明確な研修（全教員対象）
2. 児童生徒に身につけさせる情報活用能力やICT活用の方法がわかる研修（全教員対象）
3. 管理職におけるリーダーシップ及びマネジメントに関する方向性が適切に示されている研修（管理職，およびICT担当者対象）
4. 情報担当と校内の研修担当者向けの，校内研修を活性化する手法も含めた内容の研修（管理職，およびICT担当者対象）
5. 校内研修での積極的な取り組みの要点（管理職，およびICT担当者対象）

　なお，筆者たちは，大阪と東京で「デジタル教材勉強会」（次ページコラム参照）を各学期に1回程度実施していますが，英語以外の教科の先生や教科書会社，出版社，ICT機器のメーカーをはじめとする多くの教育関係者が参加しており，今一番お勧めの研修会です。

▶──「教育の情報化」促進の要件とは

　管理職に向けた研修の目的は，ひとことで言えば「教育の情報化」の促進です。「教育の情報化」の進展状況は地域によって大きく異なります。また同一地域によっても学校ごとに異なります。情報化における学校間格差は，児童生徒の学習環境の差であることはもちろん，その結果としての，

column・7

デジタル教材勉強会

　この勉強会は，気軽にICT活用について勉強しましょう，をスローガンに，ICTを活用する授業内または授業外の事例紹介を中心に，2011年から大阪，東京，仙台などで実施しています。高校の英語の授業実践事例を中心にしていますが，他教科や小・中の教育関係者にも大いに役立つと好評の勉強会です。先生と出版社やメーカーの担当者など，参加者同士の質問会など交流もあり，最新のデジタル機器や教材について知ることができます。

情報教育の成果の差，保護者や地域の学校理解の差として表れます。

　教育の情報化を進め，ICTを有効に活用するには，一人ひとりの教員のICT活用能力向上のみならず，管理職のリーダーシップのもとに，戦略的な学校経営が必要です。そのためにも，校長など管理職の教育の情報化に対する理解と改革への意識啓発のための研修が求められています。研修に関して，まず，教育の情報化の要件4点を紹介します。

1. **すべての教員に向け，授業の中でICTを利活用する能力・指導力の養成をする**
   - ICT活用を前提とした新しい教育環境を担う教員の養成・採用
   - 学校内でICTを十分に利活用するための組織と権限の確立
   - CIO（責任者）の配備，ICT支援員の導入
   - 校務においてICTを活用する能力の養成
2. **授業や校務においてICTを利活用できるための通信環境**
   - 児童，生徒一人ひとりに適応した教育を行うための情報機器の配備
   - ICTの利点を活かした情報教材・コンテンツの開発・拡充
   - 校務システムの全校導入
3. **教育の情報化のための予算**
   - 必ず予算を当該の目的に利用するための提供方法の確立
   - 地域格差を解消・発生させないための予算配分

・機器の整備だけでなく，人材やソフトに重点を置いた予算措置
４．先進的な取り組み事例の共有化
　　・教員研修における普遍的な情報提供
　　・情報における道徳（情報モラル）教育の実践
　　・地域，産・官・学等の知識の活用
　では，これらを実現するため，どのような研修を行えばよいのでしょう。以下で，「管理職のための戦略的ICT研修カリキュラムの開発」(http://jslict.org/index.html) による管理職向けの研修を簡略化してご紹介します。

▶──**管理職研修の実例**

研修例（全180分）
○教育情報化の実践例紹介〔25分〕
　実践者自らにも，以下のような点について発表してもらいます。その後，他学校の事例を聞き，またグループ内での情報交換を介して感じたことをまとめます。
　　・中学校でのプロジェクター・実物投影機による動画
　　・複数（黒板を含む）画面活用による授業活性化
　　・ICT支援技術者の採用と情報機器・ソフトの支援
　　・ホームページ・ブログの更新・学年通知の携帯電話活用で保護者と連絡
　　・英語教育の自宅学習の実現
　　・グループウエアー（Eスクール等）の導入による業務の簡素化
　　・全学園の教職員にICT活用の研修と実践
○オリエンテーション〔10分〕
　参加者を3チーム編成にしてワークシート（143ページ）の項目1と2を記入します。（これは上記の事例紹介を聞きながら記入する。）記入した内容に基づいて意見交換し，「問題の意識化・共有，改革のための取り組みと要因」を図ります。
○講義1　教育の情報化，多様なICT活用〔40分〕

(例)「教育情報化の目指すもの」(ICTの教育活用の意義を検討)
○作業：問題の意識化・共有〔35分〕
　・自己紹介，紹介された実践例について共有します。
　・講義1を聞いてワークシート項目3を記入します。
○講義2　改革のための取り組みと要因〔25分〕
(例)「改革への戦略」
○討論：改革への実施企画・評価〔40分〕
　グループから一人ずつ発表し共有を図ります。
○まとめと今後の課題：レポート・宿題などの連絡をします。〔5分〕
　＜研修の進め方（例）＞
・ディスカッションの進め方と内容
　参加者を3チームに編成（校長・教頭グループ，教務担当グループ，ICT・入試広報担当グループ）して各グループ共通の話題でディスカッションできるようにします。また情報担当の教員などが司会と書記を担当し，活性化を図るようにするのもひとつの方法です。
　内容についてはワークシートを活用して進めます。前半では，特に「問題の意識化・共有，改革のための取り組みと要因」として，学校で，現在抱えている問題について意見交換し，次に具体的な取り組みの事例から問題の要因を考えます。途中で，適切なICT活用により問題解決できている事例を取り入れ，可能性を議論します。
　後半では，2つの講義をもとに進めます。まず講義1「教育情報化の目指すもの」の後で，参加者の学校でも取り入れられそうなことをまとめてもらい発表し，共有します。続く講義2「改革のための取り組みと要因」の後，VISION（解決すべき問題，ゴールのイメージ，解決までの時間），組織（VISIONの共有化のための工夫，支援体制，管理職の役割），経費（設備的な予算）を個人で考えてもらい討論します。改革の評価として具体的に講師の先生に，コメントをいただき，より討論を深めることもひとつの方法です。

＜研修の有効性と課題＞

これまでの研修の結果から特に高校現場では，学力向上とコミュニティ作りの話題が多く出ました。学力面では，ICTですべてをカバーできるわけではないが，今の授業のままで教員がいいと思っているなら意識改革が必要であるという共通認識を持ってもらうことができました。新しい学力観（判断する力）を紹介して知ろうという意欲を持てば，変わってくること，力をつけるための新しい組織づくりが大切であること，コミュニティ作りでは，具体的にSNSやホームページ，グループウェア（組織内のメンバーで，スケジュールやファイル等を共有するシステム）の活用事例を実際活用している先生に説明してもらうことで，現実のものとして実感してもらうことができました。

　なかなか研修時間が取りにくい学校管理職に，このような場を設定することで，短時間でICT活用のあり方を示すことができたことは大きな意義があると思われます。課題としては，それぞれのポジションでの課題認識が重要なので，最初のグループ分けが大切であることや，課題認識からプランを考えることが重要ですが，そのプランに対して適宜専門知識を持った人にコメントしてもらい，また共通理解のためにも，意見交換の時間をしっかりとることが必要です。そのためにも一番の課題を事前に確認しておき，その課題ごとにグループを分けておくと，意見交換が進みます。また管理職の先生方はスケジュールがタイトなので，かなり前から日程調整をしておく必要があります。できれば年間計画の中にあらかじめ入れておくことができれば，もっと参加者も増えると思われます。ウェブサイトをさらに有効に活用することも大切です。

ワークショップワークシート
「学校改革を長期的に推進するため、ICTはどのように活用できるか」

　　　　　　　　　　参加者名＿＿＿＿＿＿＿＿＿

1．オリエンテーション
　あなた自身が管理職として、あなたの学校（あるいは関係する教育機関）で2～3年以内に実現したいと考えていることをあげてください。
　　・
　　・
　　・

2．教育の情報化の目指すもの
　あなたの学校（関係する教育機関）では、問題の解決にICT（コンピュータや情報メディア）はうまく活用されていますか
　　・うまく活用されていると思うこと

　　・期待どおりでないこと

3．ICTを活用した取り組み
　あなたの学校（関係する教育機関）では、ICTにどのようなことを期待しているのでしょう。
　　a）教師が授業を効果的に行うための支援ツール
　　b）学習者が学習を深めるための道具、
　　c）学習者がICTをもちいて問題解決できるようにするため
　　d）校務を安全で効率よくするため
　　e）家庭や地域との間で情報交換するため
　　f）その他
　（　　　　　　　　　　　　　　　　　　　　　　　）

ワークシート例①

　資料映像をみて、あなたの学校でも取り入れられそうなことをまとめてください。

4．改革のための取り組みと要因
　a）あなた自身の管理職としてのリーダシップのとり方は、どのタイプと思いますか○をつけてください。
　　・先頭に立ってVISIONを示しながら引っ張っていく
　　・VISIONを共有することにエネルギーを注ぐが、行動は各自に任せる
　　・VISIONを共有し、目標を確認して、行動を奨励する
　　・自分は表に出ず、うまくことが運ぶように人や環境をアレンジしていく
　　・特にVISIONは示さず、みんなの意見を聞きながら調整する
　　・特に何もしない

　b）あなたの問題解決に関して、それぞれの要因はどの状況にあると思いますか
　　VISION
　　　　・解決すべき問題は何か：
　　　　・ゴールのイメージ：
　　　　・解決までの時間：

　　組織　　・VISIONの共有化のための工夫：
　　　　　　・支援体制：
　　　　　　・管理職の役割：

　　経費　・設備的な予算：　　　・運用的な予算：

ワークシート例②（①のつづき）

第5章　効果的なICT活用のために　　143

> **日本教育工学協会（JAET）**
>
> 　日本教育工学協会（JAET）では，学校管理職の方々がリーダーシップを持って学校全体でICTを活用し，よりよい学校運営を実現するための研修教材を開発しています。短期間で行える実践的な研修として管理職を対象としたワークショップ・モデル（目標と方法）を示します。もちろんこれは校内研修でも活用できますので管理職以外でも実施可能です。（上記，管理職の部分を各役職に置き換えて実施してください）。なおワークシートなどもすべて以下のサイトからダウンロードできますのであわせて参考にしてください。(http://jslict.org/)

column・8

8. 情報モラル教育の必要性

　インターネットが日常生活に欠かせないものとなり，子どもたちもタブレット端末で学習し，携帯電話やスマートフォンで友達とコミュニケーションをとるなど，インターネットやICT機器を頻繁に利用しています。それに伴い，いわゆる「ネットいじめ」や「ケータイ依存」，さらには青少年をターゲットとした，または青少年によるネット犯罪や違法行為も数多く発生しています。「情報モラル」について子どもたちに指導することが，いま非常に重要な課題となっています。

　このような状況を受け，現学習指導要領（2011年〜）では，総則の中で「情報モラルを身に付け，適切に活用できるようにする」などとして，すべての教科等においてすべての教員に情報モラル教育の実施を義務づけ，学校における情報モラル教育をさらに充実させること，としています。

　「情報モラル」ということばが初めて使われたのは，1987年の臨教審第三次答申においてでした。2000年3月の『高等学校学習指導要領解説 情報編』では「情報社会で適正な活動を行うための基になる考え方と態度」と定義されています。

「教育の情報化に関する手引」(2010年10月，文科省) では，情報教育の目標が3つの観点に整理され，それらをバランスよく身に付けることが重要と示しています。その中のひとつ「情報社会に参画する態度」，すなわち「社会生活の中で情報や情報技術が果たしている役割や及ぼしている影響を理解し，情報モラルの必要性や情報に対する責任について考え，望ましい情報社会の創造に参画しようとする態度」が挙げられています。生徒たちにも身近な，著作権に関する配慮などもこの内容に含まれます。また，「情報化の「影」の部分を十分理解した上で情報社会に積極的に参画する態度を育てることが重要」とし，インターネット上でのいじめや犯罪，違法・有害情報などの問題点を踏まえ「情報モラル」について指導することが必要だとしています。

▶——著作権とは何か

　作品の利用を許可したり，禁止したり，また条件を付けたりすることのできる権利のことを「著作権」といい，その内容は著作権法という法律で定められています。この法律によって権利が認められている作品を著作物と呼びます。著作物は，プロが創ったものだけが対象ではありません。自分や友だちが書いた文章，絵や写真，音楽，習字，Webサイトのデザインや内容など様々なものに著作権があることを知っておくことが大事です。
　では，学校で教育のために著作物をコピーしたい場合，どのように考えればよいかというと，著作権法第35条で「学校その他の教育機関における複製等」として，以下の条件で認められています。
　1）営利を目的としない学校や教育機関であること
　2）教育を担任する者，及び授業を受ける者がコピーすること
　3）授業の過程における使用であること
　4）必要と認められる限度のコピーであること
　5）公表された著作物であること
　6）著作権者の利益を不当に侵害しないこと
　これらをすべて満たさないと，許諾無しにコピーをすることはできませ

ん。したがって，教育機関でも，授業目的ではなく校務や教員同士の教材発表会，PTAの会合のためのコピーなどには許諾が必要です。また，教育委員会がコピーをして学校に配布することも，2）の条件から外れます。軽音楽サークルは，楽譜をコピーすることはできません。教材などで，自分以外の著作物を使用するときには著作者に許諾が必要です。

特に無意識に行ってしまわないよう注意したいのが，6）の条件です。生徒や児童にたくさんの良い情報を与えたり，いろいろな教材で学習させたい，という気持ちは理解できますが，授業で使われることを想定して販売されている著作物は，コピーしてはいけません。学習者用のパソコンソフトを1点だけ購入してパソコンの台数分コピーして使用するのは，担任の先生が授業目的で行っても違法になりますし，ワークブックや資料集なども，コピーしてプリントすることはできません。使用する場合は，必ず人数分購入しなければなりません。授業で勝手に使われると，メーカーや出版社が正当な対価を得ることができなくなり，著作権者の利益を不当に侵害することになるからです。

また2）にあるように，授業を受ける児童・生徒がコピーを行う際も，これらの条件を守らなければなりません。著作権を侵害すると懲役や罰金などの罰則を受けることがあります。「自分一人くらいは大丈夫」と考えず，作者の権利を尊重する重要性について十分に指導することが必要です。さらに，授業でノートパソコンやタブレットを使う際は，著作物のデータを安易にコピーしたり，配信サイトや掲示板に，著作権者の許可を得ないまま音楽や映像などをアップロードしたりしないよう，事前に情報モラル教育を行うことも重要です。

▶──違法サイトからのダウンロードに注意

デジタル教材ならではの要素として，音楽や映像があります。ネット上にはさまざまな素材がありますが，それらを扱う際にも注意が必要です。

配信サイトや掲示板に，著作権者の許可を得ないまま音楽や映像をアップロードする行為は著作権侵害となり違法です。違法にアップされたもの

であることを知りながら音楽や映像を，ダウンロードする行為も著作権侵害です。利用しているサイトが，権利者から許可を得ているかどうかを確かめてから利用しましょう。

column・9

ネット上で著作権侵害をしないために

■音楽サイト

　JASRAC（日本音楽著作権協会）から許可を得ているサイトは，TOP画面にJASRACが発行している許可番号と許可マークが掲載されています。その他の管理事業者の場合も，同様に表示されています。また，契約によって，レコード（CD）音源や映像などが適法に配信されているサイトには，🄻（エルマーク）がTOP画面などに表示されています。著作物を利用する際には，このようなマークを確認しましょう。

■動画投稿（共有）サイト

　一般のユーザーがアップロードした動画の視聴や，ダウンロードが可能なサイトを，動画投稿（共有）サイトといいます。他者が作成した映像コンテンツ（放送番組，音楽プロモーションビデオ，映画等）を権利者の許諾を得ずに投稿したり，市販もしくはレンタルされているCDの音源を無断で利用して投稿したりすることはできません。ユーザーが投稿できるのは，原則として，自作自演による音源や映像コンテンツのみとなります。「音楽」を利用する場合は，運営事業者が，JASRACなどに許可を得ていれば，その許可条件の範囲内で，自ら演奏して映像コンテンツに録音・録画し，投稿することができます。どのような作品であれば自ら演奏して投稿することができるのか，まず，各サイトに掲示された注意事項を確認することが重要です。（参考：http://ema-edu.jp/，p.150コラム）

▶──**情報モラル教育の授業例**

　では，具体的に授業でどのように指導すればよいのでしょう。ここでは，「英語で情報化社会の光と影」と題して，情報科と英語科が協力して行っ

たプロジェクト学習例を紹介します。
　　　　　　　　　　＊　　　　　＊
○対象校・学年：羽衣学園高等学校2年生
○授業科目：「情報A」と「英語Ⅱ」
○単元名：情報A「情報機器の発達と生活の変化」
　　　　　・情報化の進展が生活に及ぼす影響
　　　　　・情報社会への参加と情報技術の活用
　　　　英語Ⅱ
○授業時間数：10時間
○教育活動の題名：「英語で情報化社会の光と影」
○教育活動の概要
a）ねらい
　社会生活の中でのネットワーク利用の利便性，新しい技術，活用の際の危険性について学習する。またその中で，英語でまとめた発表を活用して，今後新しいメディアとどのような関係性を持ちうるのか，マナーやモラルについても考える。

b）内容
　校内での情報科の教員の連携を図り，高2全クラスで学校放送番組（NHK教育「10min.ボックス 情報・メディア」）をもとに指導を行う。学年全体で実施するため共通の番組用のワークシートを作成し，違う教員でも同じ内容で授業を実施することができるようにする。また番組はウェブ配信のものを活用するため準備の手間がかからないで同じものを同じ時間で全生徒に見せることができる。また途中で止めて解説したり，家で繰り返し見ることも可能なので，保護者にも見せることにより家庭での意識付けにもつながる。生徒には，番組から学んだことをプレゼンソフトで個人またはグループで発表させあい学びを深めさせる。
　そのあと，英語の時間と連携して，プレゼンを英語に直して，海外へ発信し，意見交換を実施した。プレゼンテーションを作成するときに，特に著作権に関しての理解を実践させる。実際に意見交換をしながら，社会生

活の中でのネットワーク利用の利便性，新しい技術，活用の際の危険性（著作権含む）について学習する。

c）評価の観点
・番組の主旨を理解し，ワークシートに答える。
・グループ内で議論し，ウイルス・セキュリティの基本的なことを理解する。
・ウイルスやセキュリティに関しての英語のプレゼンテーションを作成する。
・自分の意見や考えをきちんと相手に伝わるように発表する。（日本語・英語の両方で）

d）成果と課題
・学んだことを実践する交流・プロジェクト学習を実践することにより，ネットワークリテラシーを育み，生徒たちが，主体的に学ぶ意欲や問題発見・解決能力を具体的な海外との交流学習などを通じて身に付けることができた。
・大学の学生や外部の講師に授業や講演をしていただくことにより，情報活用の実践力を育むことができた。（著作権などは普段指導する先生より，外部からの方にお話しいただく方が説得力がある。）
・実際に成果物を作成することで情報活用の実践力を身に付けることができ，様々な交流活動ではコミュニケーション，プレゼンテーション能力の向上（海外との交流では英語）が成果としてあげられた。
・プレゼンテーション作成にあたり著作権や肖像権に気をつけるようになった。
・普段の「情報」の授業でポスター作成をするときや，ニュース番組などでも多くの生徒からキーワードとして著作権ということばが出てくるようになった。
・教員のみならず生徒たちも，海外の生徒や大学生との協働学習の取り組みから，停滞しがちだった学習活動をより活発にすることが可能になった。

・海外の学校と，著作権など同じテーマで授業を実施することができた点で，今後の教科と総合が融合したカリキュラム開発の一助にしていきたい。そのためにもさらに教材（モラルも含む）を増やし，また実施相手校も（国内でも国外でも）増やしていきたいと考えている。

---

column・10

情報モラル教育の教材

　授業で情報モラル教育を行う際使用する教材が，「モバイルコンテンツ審査・運用監視機構」のサイトにあります (http://ema-edu.jp/)。「ケータイ・インターネットの歩き方～子どもが安心・安全につかうために～」では，著作権以外にも，子どもたちにケータイ・インターネット利用の注意点に気付かせるようなデジタル教材が満載です。また，どのように授業を構成するかについてヒントになるような「教材活用事例」や役に立つ「コラム」なども用意されています。

▶——年間計画例

　前項で紹介した，情報科と英語科の共同の実践「英語で情報化社会の光と影」は，年間を通じたICT教育の中に位置付けられています。生徒のICTスキルを高める上でも，年間を通した指導は有効です。授業プランを紹介します。

●1学期　＜情報機器の使い方を確実に習得し，機器に慣れよう＞
・タイピング練習を確実にする・ネットワーク利用のきまりを学習する
・データ集やインターネットなどを利用して情報を自分で収集する
・SNSの使い方とマナーを知る
・企業や警察による全校対象の講演会実施
・企業とのPBL（Project Based Learning）授業の説明
・情報を目的に応じて検索し，収集した情報の中から必要な情報を選択する

- 情報モラル指導補助教材として，Webによる提示教材や模擬体験教材，映像教材などを利用する
- 校内でも情報モラル・情報セキュリティに関する研修などを実施する

●2学期　＜自分達で情報を作成し，発表しよう＞
- スキャナやデジタルカメラ等の周辺装置を利用し，文章と画像等を組み合わせた資料を作成する
- 発表資料をまとめる（海外に発信するためプレゼンテーション作成）
- 電子メール，SNS，ビデオ会議を利用した他校との交流活動をはじめる
- 外部企業講師による授業実施
    （指導計画）　第1時　情報通信ネットワークを支える仕組みとは
    　　　　　　　第2時　情報セキュリティはなぜ重要なのか
    　　　　　　　第3時　情報通信ネットワークを安全に使うために
    　　　　　　　　～ルール・マナー・モラルについて～
- 交流学習の準備をはじめる

●3学期　＜外部交流を盛んにしよう＞
- インターネットなども利用して情報を交換する活動をする
- Webページ，電子メール，SNS，ビデオ会議などで情報を発信するためのマナー，個人情報，著作権の保護を再度学ぶ（情報モラル指導補助教材として，Webによる提示教材や模擬体験教材，映像教材を利用する）
- 画像や動画を利用して表現する活動をする
- ビデオ会議を利用した他校（海外含む）との交流をする
- プレゼンソフトを利用して発表する活動をする
- テーマの設定からパネルディスカッションやディベートの実施までネットワークを活用する

9. ICT活用授業とプレゼンテーション

▶──プレゼンテーションの力

　現在，日本の学校でも，調べた内容をPowerPointなどのプレゼンテーションツールを使って発表する活動が，「総合的な学習の時間」や「情報」の授業などで数多く実践されるようになってきました。しかし，あらかじめ用意した原稿を棒読みしたり，丸暗記した内容を話したりするなど，観衆に対して真に語りかけるようなプレゼンテーションのレベルに到達していないことも多いと指摘されています。日本の生徒たちが，力強く，面白く，聞き手が安心できる「話す力」を身につけるためには，さまざまな舞台で自ら発表したり，他チームのプレゼンテーションを観たりする経験をもっともっと積み重ねていくことが必要なのだと感じています。

　英語の授業でプレゼンテーションを行う場合は，以下の点などを，段階的に行っていく必要もあります。

1. 外国語を使ってプレゼンテーションするための表現の学習，発表場面の提供
2. 明確な発音（明確なというのは，ものおじしないで堂々と自信をもって発音するということ）の指導
3. 内容を聞き手に伝える表現の学習
4. 聞き手の共感をよぶ豊かな表現の学習
5. 発表者に対して客観的に意見を述べる表現の学習

　特に，内容面だけでなく，聞き手の関心を喚起するような話し方は必須です。あるプレゼンの国際大会で魅力的な発表をしたグループには，以下のような点に特徴がありました。

- 導入の部分で，歌，劇，ロールプレイング，衣装，小道具などを有効に使い，かつユーモアも交えて会場の雰囲気をつかんでいる
- 発表の画面上では語やフレーズを4行程度に絞って提示し，ことばで画面上の情報をうまくおぎなっていた

- 「本論」の論理的順序による提示が明確で，まとめ・目的の再提示・課題もきちんと述べられていた
- メモなしで，自分のことばで，ゆっくりとしたスピードで話し，ポイントは強調するなど，声の大きさや高低を適切に使い分けている
- 聴衆の表情を意識しながら間をうまくとり，しっかりアイコンタクトをし，身振りを上手に使い，ロールプレイや寸劇も恥ずかしがらず自信をもって行っており，聴衆にとって聴きやすく，安心できる発表を行っている

今後は，限られた時間で海外の生徒たちとコラボレーションしてプレゼンテーションを作り上げていく力を，もっと発展させていく必要があると考えています。テーマを深く掘りさげていく力，課題解決に向けて何をしていけるか一歩踏み込んで考える力ももっと必要です。

▶── ICTを活用した国際交流の意味

ICTを活用した国際交流では，「建設的妥協点」を探りながら人と関わる力を育てます。建設的妥協点とは，1人ひとりが自分の意見を論理的に伝え，相手の意見を聞き，時間をかけてお互いが納得できるポイントをすり合わせていった結果生まれる結論のことです。国際交流は，コラボレーション（協働）とコンフリクト（衝突，葛藤），そしてコンフリクトを打開する「建設的妥協点」を見出すプロセスを体験できる点で，生徒にとって非常に有効です。

生徒が交流プロジェクトに参加するとき，教師はサポーター，ファシリテーター，コーディネーターの役割を担います。教師は，交流を通して，生徒どうしの「つながり・学びあい・思いやり」を育てることを心がけ，生徒にはいつも相手のことを考えるよう促します。たとえば，自分だったらどういうふうに接してもらうと安心しうれしく思うかを考え，相手に接するよう伝えます。そうやって相手を思いやる行動を積み重ねていくことで，互いの考えを尊重し，学びあう関係ができてくるからです。人と関わりあいながら，モノをつくっていく喜び，人のためにつくす喜びややりが

いを経験することから生まれる多くの学びは，生徒たちの一生の宝となり，生き方の根っこになります。実感をもった本物の経験，自分の思い通りばかりにはいかない経験，そして目の前にいる相手に真剣に向きあい課題に取り組む経験を通して劇的に変わった生徒も多数います。

▶──教師に求められる力

　国際交流活動は，教師にとっても，さまざまなことを考えたり，新しい力を身に付けたりする機会になります。例えば，以下のような力です。
1 ）ネットワーク力（国内・海外の教育関係者，地域の方，関係機関との）：
　協働での取り組みの場合，生徒たちが本当に関心のあるテーマをどのようにして見つけさせればいいのか，アプローチのさせ方，そして発表方法などを国内・海外の教育関係者と話し合いながら決めていきます。交流では，公立・私立や異年齢という立場の違う学校（海外も含めて）が合同で学習するので，チームワーク力（柔軟・責任・協調）も鍛えられます。
2 ）情報機器を活用する能力（掲示板利用，ＴＶ会議利用など）：
　ICTを活用したコミュニケーション能力や表現力の育成を一段と高める指導法（掲示板やTV会議など）を取り入れることにより，国際化と情報化に対応できる生徒の育成が可能になります。
3 ）国語力・英語力：
　生徒たちが話し合いや文章表現をする際「論理的思考」が必要です。そのかじ取りに教師側の国語力・英語力が大事であるのはもちろん，国内外の関係者とやりとりするのに，自分たちの考えを簡潔に明確に伝える力は，共同作業によってまとめ上げる企画力，構想力にも大きく影響します。
4 ）ある程度のリスクにチャレンジする力：
　普段の仕事以上のプラスの部分にチャレンジしていこうとする姿勢が大切です。その源となる，気力・体力・エネルギーも。
　最後に，生徒が自分たちで考え解決していけるよう，「傍観者として見守る時間」も大切にするべきです。

6

さまざまな
ICT活用
事例集

1. 反転授業

　2013年末に，文部科学省が「グローバル化に対応した英語教育改革実施計画」を発表しました。その中で，ICTの活用に関して指針らしきものが見られます。大きな枠の中では，指導用教材開発の項目として「モジュール授業指導用ICT教材の開発・整備」とありますが，「2．新たな英語教育の在り方実現のための体制整備」のイメージ図の中には，小・中・高とも，「ICT教材等を活用した自己学習の強化」として，2020年までを目標とする，全学生へのタブレット配布に沿ったと思われる，自己学習（「反転授業」）でのICT活用の模式図が描かれています。

▶——「反転授業」とは

　従来型の授業方式は，基本学習は学校の対面授業で受けて，自宅学習でその復習や予習，応用問題を解くものでしたが，「反転授業」（Flipped Classroom）では，オンラインで基本学習を予習しておき，学校の対面授業で発展応用させ，その後，また個別にオンラインで復習をします。近年，モバイルデバイスの進化で，固定型のパソコンやテレビでなく，タブレットや携帯でも学習できますので，いつでもどこでも予習・復習ができるメリットがあります。デジタル教材なので，わからないところを何度でも視聴，学習できることも大きな長所です。

　世界中で行われているムーク（MOOC，大規模公開オンライン講座）を利用した反転授業が有名ですが，ここでは，個人でも講座を開くことができるiTunes Uと，英語学習に使えるニュース記事のウェブサイト等を紹介しましょう。

▶——iTunes U

　世界各国の学校が講座を公開している「iTunesの教育版」で，すべての講座を無料で視聴することができます。個人でも，ウェブサイトで講師登録さえすれば，無料で自分の講座を開設・公開することができます（個

人公開の場合は，受講者は1講座50人までのアクセスを許された人のみになります)。Windows ユーザーも講師として講座や教材をアップロードできますが，作業する際に使うブラウザは Internet Explorer には対応していないため，Google Chrome や Firefox 等を使用することになります。

視聴は iPad または iPhone のアプリを通じて行い，Windows のパソコンやアンドロイドのタブレットには対応していません。iTunes U と連携して，教育機関向け iPad 電子教科書配信サービス「iBooks テキストブック」での教科書の配信も始まりました。

●作成方法

まず，教材をアップするための管理サイトを開きます。

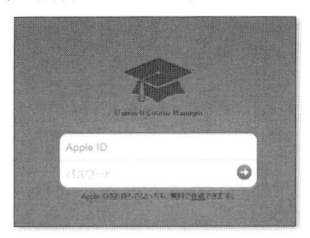

▲ Apple ID が必要です。ログインした後，講師登録を行います。

以下は，講師のプロフィール，講座内容，講座ごとの受講者管理，教材のアップなどを行う画面です。2.7GB まで使えます。アップできる教材は，オーディオとビデオ，プレゼンテーション，書類，PDF，iPad 用の iBooks テキストブック，ePub 形式のブック，iOS アプリケーション，ウェブリンクなどです。

▲ iTunes U の管理画面

●受講方法

　下図は iPad で iTunes U のアプリをタップして，ライブラリーに登録されている講座一覧を提示した画面です。世界中の教育機関が無料で講座を開設しています。

> 個人で公開している講座も，このようにライブラリーに提示されています。

◀ライブラリー画面

　講座をタップすると，教材コンテンツを見ることができます。受講者はここで，ビデオやオーディオの講義を視聴し，メモを取ることもできます。本を読んだり，プレゼンテーションを見ることもでき，講座の全課題リストを確認して，終わったものにチェックマークをつけていきます。

◀受講者画面

▶── **Adult Learning Activities**

（http://www.cdlponline.org）

　ニュース記事をもとにしたアメリカ中心のトピックを使って，無料でインタラクティブな学習活動ができるのがこのサイトです。学習できるトピックは多岐におよび，映像や音声も活用できます。やや古い内容のものも含まれますが，授業で扱った題材でさらに学習を深めたい時などに便利です。例えば，「Hawaiiの文化」というような内容の教材を扱った場合，背景知識として地形学も学ばせたいとき，11あるジャンルの中の1つ，"NATURE"を選択し，さらに"Volcano by the sea"を選ぶと，音声の付いたスクリプト，単語学習，読解問題，関連教材へのリンクがあります。家庭で学習させれば，学習記録が残り，指示に従って教師のメールアドレスを入れると，学習履歴が教師に届くシステムになっています。関連するエッセイなども入力できるので英作文の練習にもなります。

▲教師にEメールで届いたある生徒の学習履歴

▶──有料サイト（Blackboardなど）

「反転授業」や，distant learning（遠隔学習）が先行している，アメリカやオーストラリアにおいては，学習管理システム（Learning Management System: LMS），学習過程管理システム（Course Management System: CMS），仮想学習環境（Virtual Learning Environment: VLE），などと呼ばれるものがいくつもあります。もちろん，日本国内でも，大学や先進的な学校では，自校のサーバーにLMSを構築する例もありますし，Moodle（インターネット上に授業用のWebページを作るソフト）を使えば無料です。

MyGradeBookは，成績管理を行うサイトですが，WordやExcelで作成した問題等を保存したり，登録している他の教師とのコンテンツ共有もできます。生徒は，このサイトにアクセスすれば，24時間（教師の指示にもよりますが）利用でき，メールを介してのやり取りも可能です。他には，LMSのサイトBlackboard Learn（http://www.blackboard.jp/ 日本語サイトもあり）なども利用者が多いようです。

2. Preziを使った実践

Prezi（プレジ）は，新しいタイプのプレゼンテーションを作成することができます。PowerPointに代表されるような紙芝居的なスライドの切り替えではなく，プレゼン全体を1枚の絵として捉え，その中を移動していくことでプレゼンを行います。使用開始時に，Preziのウェブサイトで利用登録を行う必要があります。Publicライセンス（無料）の場合は，プレゼンテーションをオンラインで作成するので，インターネット環境が必要になります。作成したプレゼンテーションは，クリックひとつでPrezi.com上に公開することができます。有料のライセンスを利用すれば，オフラインでの編集も可能で，プレゼンテーションの閲覧や編集のために他のユーザーを招待したり，ブログなどに埋め込むためのコードを取得することもできます。Preziを使ったプレゼンテーションの作成手順は以下の

通りです。
1. 文章を書きたい場所をダブルクリックする
2. ゼブラ（円形型のメニュー）を使って構造や大きさを調整する
3. メニューから画像を挿入する
4. ストーリーラインを作成する
5. プレゼンテーションを始める

作成は意外と簡単に楽しくできます。ひな形もたくさん用意されているので，最初はそれらを活用してもよいでしょう。Webに公開されるという特徴を生かして，教材を共有したり，国際交流に使用したり，などさまざまな活用方法が考えられます。以下に例を挙げます。

●韓国の街の紹介
　羽衣学園高校の生徒と慶州女子高校が，APECサイドイベント（2011年度，韓国にて）で，慶州の街を世界の人に知らせるプレゼンテーションを協働で作成・発表しました。その際使用したのが，Prezi です。生徒たちはタブレットとノートパソコンを用いて，写真や動画を効果的に入れ込みながらプレゼンを作成し，発表後の評判は上々でした。

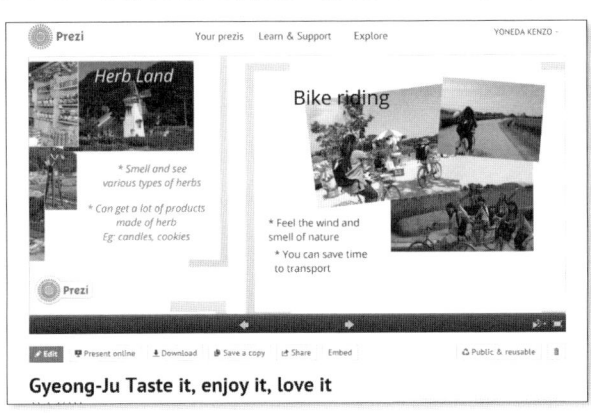

▲ 街の魅力をアピールするプレゼン

●国際交流前の事前打ち合わせ

　上記のイベントの事前打ち合わせとして，相手校とプロジェクトへの取り組み方について，Preziを使って意見を出し合い，方向性を共有しました。この手法は他の国と交流する際も取り入れています。協働でプレゼンテーションを作成するときには，Preziは大変便利なツールになります。

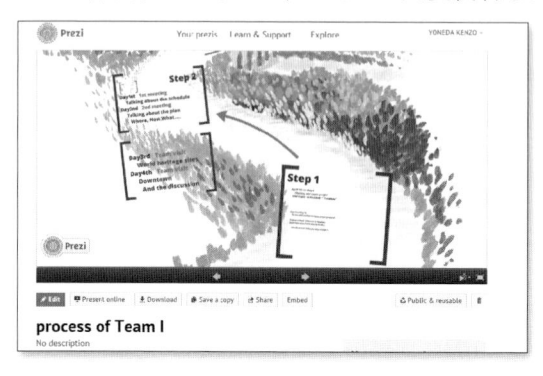

▲　高校英語　テーマ学習の指示の例

●授業での学習教材

　これは授業で使ったPreziのサイトの例です。否定語句の意味の違いについて例文や音声付きで解説されています。国内外の教員や関係者が互いに追加，訂正して上書きできる国際的な共有教材です。

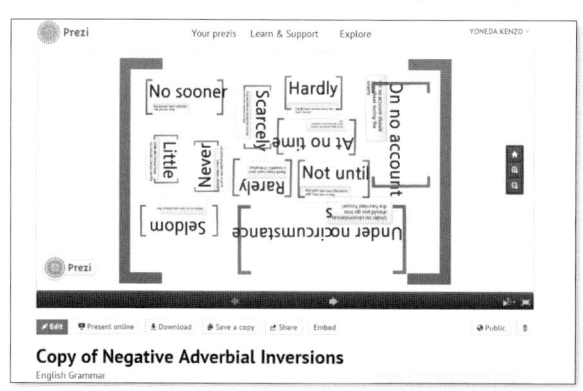

▲　英文法の授業で扱った　否定語の説明

Prezi は型にはまらない自由な表現によって，様々な活用が考えられます。今後，学校現場でもますます活用されていくと思われます。

| 3. | ノートアプリでプレゼン |

　もともと，覚え書きなどの短い文章を保存しておくのが目的のノート（メモ）アプリですが，どんどん進化して，プレゼンソフトのように使えるようになりました。タブレットならではの手書き入力を使った，授業での活用法を紹介しましょう。

　ノートパソコンをプロジェクターでつないで行う授業では，ランプの前に立つと影ができて見づらいという弱点がありましたが，iPad を使えば離れたところで操作ができるので，スクリーンの前に立つ必要はありません。デジタルデータとして記録や書き出しも可能な点でもプレゼンソフトに引けを取りません。(難を言えば，まだ手書きのレスポンスが鈍く，慣れるまでは，スピード感を持って板書するようにはいかないかもしれません。)

　さて，ノートアプリにはたくさん種類があるので，その中から授業で使いやすいものを選ぶ必要があります。iPad 内蔵アプリの「メモ」も，画像を貼り付けたり，一度入力したものを任意の場所に移動したりすることができるようになったので，黒板に向かって板書する代わりに，手元で書いて提示できます。電子黒板などの高価な道具を導入できなくても効果的な ICT 活用になります。

　本書では，さらに，PDF や写真の読み込み，拡大縮小などが自由自在で人気のあるアプリ，Note Anytime を例に具体的な使い方を紹介したいと思います。(Note Anytime は Lite 版は無料。Windows 対応版もあり。)

▶── **Note Anytime**

● PDF を読み込んで書き込む

　教科書や教材の PDF データが提供されている場合は，生徒の見ている教科書と全く同じものを，大きなスクリーンに提示でき，その場で書き込

んでゆくことができます。特に，入試問題解説などには効果を発揮します。長文の読解演習では，原文を板書する必要はなく，そのまま提示し，書き込めるので効率の良い授業ができます。あらかじめ作られたPowerPointデータとは違って，「手書き」と「ライブ感」が演出できます。（ただし，Windows 8対応であれば，パソコン（タブレット）画面に直接手書きが可能です。）

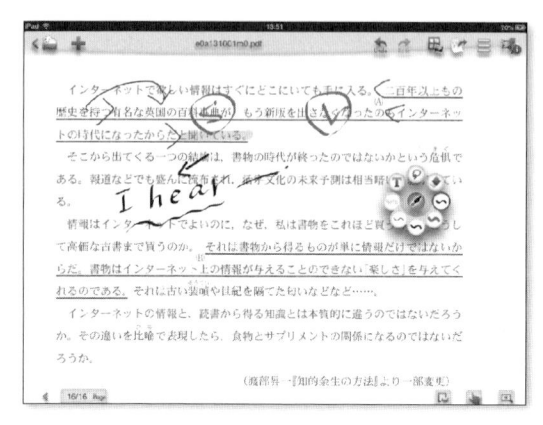

▲ 和文英訳の問題に手書きで解説を加えているところ

● 写真や，図形を取り込む

「写真を英語で描写する」入試問題が昨今よく見られるようになりました。Note Anytime を使って，デジタル版の新聞記事や付属カメラで撮った写真などを読み込んで利用すれば，準備に時間がかからず，この種の投げ込み教材の作成が簡単にできます。

まず，教材の宝庫であるデジタル版の新聞記事ですが，テキストとして取り込むのではなく，画像として画面キャプチャー（第3章，Step 5 p.67参照）し，Note Anytime で読み込みます。表示された画像上に，ポイントを手書きしたり，配置やサイズの変更，ハイライトなどの機能を使って，効果的に説明を加えることができます。iPad ならではの手による移動ができますので，全体のレイアウトは自由自在です。なんと，書いた文字もあとで拡大や移動ができ，生徒にはっきりと見せることができます。

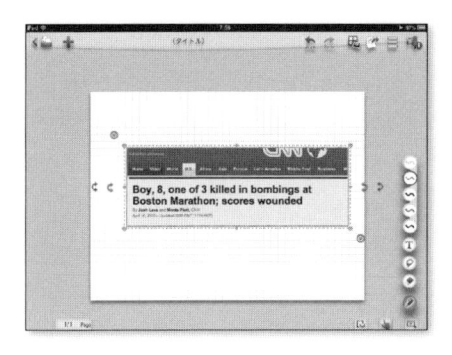

▲ ニュースのヘッドラインの部分をトリミングして表示したところ

● Undo / Redo で何度でもやり直し

　デジタル教材の最大の特徴は，何度でもやり直しがきくことです。板書をしていて，「先生，待って，まだ書き終えてない」という訴えはよく聞くし，そういう生徒に限って，板書をノートに写すだけで満足してしまいがちです。このアプリには，[Undo] と [Redo] ボタンがありますので，一通りの説明を終えてから，また最初に戻って同じ説明をすることができます。理解のためのプロセスを繰り返すことができるのです。

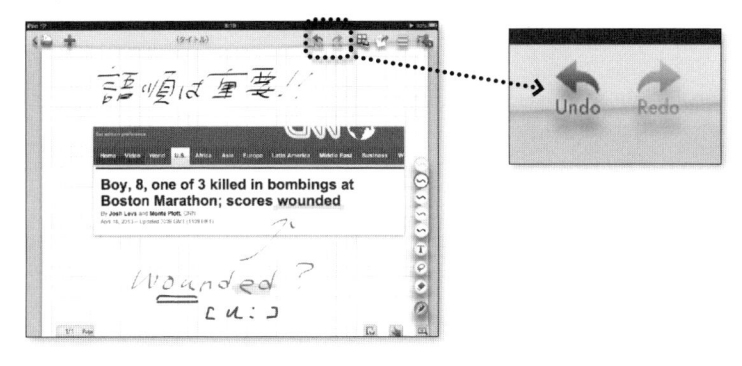

▲ [Undo] と [Redo] ボタンで，戻ったり進んだりできる

▶——ロイロノート

　iPad 用アプリの「ロイロノート」は，PowerPoint，Keynote，Prezi などより扱いが簡単です。

コンテンツをスライド単位で作っていくPowerPointやKeynoteに比べると，ロイロはPreziに近いと言えます。イメージとしては，1枚1枚「カード」を作って大きな机の上に置き，自由に並べ替え，矢印でつなげながらプレゼンの流れを考えていきます。「カード」の種類は，テキストのほか写真や動画，音声，地図，Webなどがあります。まず1枚のページを"Ideas First"で思いつくままに作り，「カード」の挿入や削除を行ったり，「カード」と「カード」を結ぶ矢印を自由につなげたり切り離したりしてプレゼンテーションの順番を考えます。複数の生徒が個別に作業をして，あとで組み合わせるなども簡単にでき，協働学習にも最適です。

　また，「ロイロノート・スクール」という新しいシステムができあがり，生徒の活動や学習を先生が管理できるようになりました。（n.loilo.tv/ja）

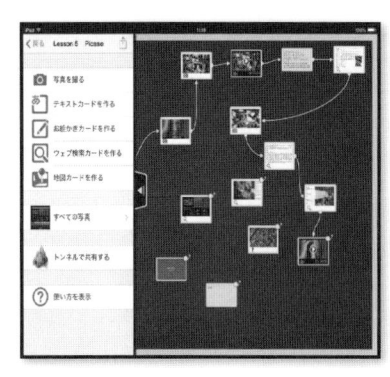

▲ロイロノートの画面

●音声教材を活用

　iPad内の「ミュージック」に入っている音声を，ロイロノート上に貼り付け，画像や文字情報とともに再生することができます。もちろんミュージックプレイヤーのアプリを使えばいいのですが，必要な部分のみをロイロに貼り付けておけば，プレゼンの流れの中で無駄な動作を省けます。ロイロの設定画面では最大60秒までの音声対応ですが，iMovieを使ってあらかじめ編集しておけば時間の制約はありません。

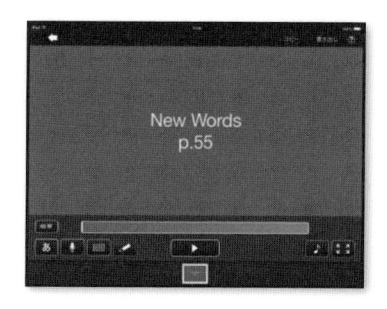

▲ロイロノートで作ったフラッシュカード

●映像や画像の活用

　同じく，iPad 内の「カメラロール」に入っている映像を貼り付けて提示できます。iOS7からは，「ビデオ」のフォルダーができましたので，呼び出しも簡単になりました。iPad で撮った映像ももちろん利用でき，さらに iMovie で編集すれば凝った映像の作成も可能です。

　iPad 内の「写真」に入っている画像も使えます。提示画面上で，文字の書き込みができますので，フォーカスしたい部分があれば，「ペン」のマークをタップして文字を書き込みます。「お絵かきカード」で手書きの絵を入れることもできます。リテリングの活動には有効です。

▲「地図カード」で地図を表示

●インターネットにリンク

　「ウェブ検索カード」を利用すると，いちいちブラウザを呼び出さずに指定の Web ページを提示することができます。提示したあとは，ブラウザとして適宜違うサイトを検索できます。また，最初の設定画面に，

第6章　さまざまな ICT 活用事例集　　**167**

http://school.loilo.tv/jp/ のブラウザ機能があり，いくつかの有効な学習サイトのリンクサンプルが提示されます。「小・中・高・大・無料素材」のタグで分けられていて，キーワード検索ができるので便利です。

▲インターネットを開いた画面

●ビデオに書き出す

　プレゼンテーション全体（ロイロでは「ノート」と呼びます）をビデオに書き出すことができます。授業の最後に全体のビデオを流せば，「振り返り」ができます。もちろん，必要なところからの「プレイバック」も可能です。

▲すべてのカードを矢印で結んだことを確かめ，１枚目のカードをタップし，［書き出し］で，［動画ファイルとして保存］を選択します。作成したノートの左一覧に「完成した動画」の項目が加わり，作った動画をタップするだけで開始できます。

| 4. | ゲームアプリでボキャビル |

　ゲーム形式の学習アプリは，授業の導入時などに使うことで，授業に向かう気持ちを高めるのに効果的です。次に挙げるのは，アナグラム（単語

または文の中の文字をいくつか入れ替えることによって，全く別の意味にさせることば遊び）のアプリです。

▶ Anagram Academy

　提示されたランダムな6つのアルファベットを組み合わせて，いくつ単語を綴れるかを競うゲームです。時間設定が2分なので，投げ込み教材として使いやすいと思います。ゲームの画面を開いて提示し，生徒には，予めワークシートを配布しておくとか，ノートに書かせればよいでしょう。また，生徒がタブレットを持っていれば，同時に始めて，スコアを競わせるのもよいでしょう。

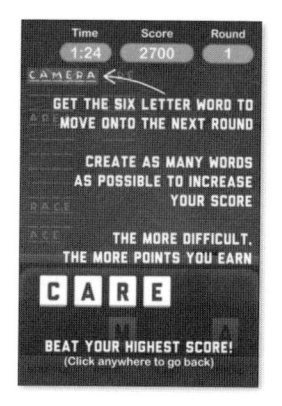

アナグラムを探すサイト

　授業に関係する語を扱いたい場合は，下記サイトにその単語を入力すると，アナグラムのリストを入手することができます。PowerPoint や Keynote で，まずスクランブルしたアルファベットを見せてアナグラムを考えさせ，その後，アナグラムのリストを提示するとよいでしょう。http://www.wordgap.com/?utm_source=cws

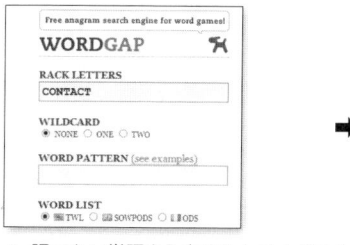

▲ 調べたい単語を入力するとアナグラムのリストが表示されます。

第6章　さまざまな ICT 活用事例集

| 5. | 電子辞書をパソコン代わりに使う |

　最近の電子辞書ではかなり多くのことができます。ノートパソコンやタブレットがない時，また，あれこれと機器やソフトにお金をかけられない時は，電子辞書を使用して音声や画像を提示することが可能です。他に必要なのはテレビ（アナログの場合は音声のみ）だけです。（もちろん，プロジェクターとスピーカーを電子辞書につないでも OK です。）電子辞書は，プロジェクター経由でスクリーンに映し出せるカシオ EX-word（DATAPLUS 4 〜 8）を使用します。

▶──カシオ EX-word（DATAPLUS 4 〜 8）

●音声の活用

　電子辞書本体（または SD カード）には，CD の音声を入れることができます。容量はかなり大きくて，年間で利用する教材などすべて入ってしまいます。また，音声スピードが 5 段階で変えられます。教科書の音声教材はゆっくりめですから，最高速で聞かせてからノーマルスピードへということも簡単にできます。

●画像の活用

　SD カードに入っている写真（JPEG 形式）が提示できます。もちろん，PowerPoint ファイルも JPEG で保存しておけば，簡単なプレゼンもできます。辞書の解説や音声の解説が，ボタンひとつでできて便利です。

●教科書を提示する

　テキスト形式のファイルを電子辞書で読み込むことができます。画像として提示してもよいのですが，テキストのままであれば，ジャンプ機能を使って搭載辞書にリンクできます。適宜，単語の意味や発音，英英辞典での意味定義などを確認したり，辞書搭載の関連画像にもリンクできます。

　なお，電子辞書活用事例は，「先生による先生のための電子辞書活用サイト」（カシオ計算機 http://edu.casio.jp/exword/school/）に豊富な実践例が載っていて参考になります。

○資料集

【資料１】 ICTを活用した普通学級における特別支援教育の指導案

　特別な支援を必要とする児童生徒への指導にも，各教科でのICT活用や，情報教育（情報モラル教育を含む）などの内容にわずかな配慮や工夫をすることで，大きな成果が見られます。もちろん個々の障害の特性や社会経験等を考慮して，適切な補助用具の選択，指導上の工夫が必要です。

　以下は，A高校（全日制普通科１学年）の英語の授業で，「自己紹介をしよう」の単元について，特別支援の観点を入れたICT活用授業の指導案です（米田作成。作成にあたっては，大阪府の先生にも協力いただきました）。このクラスのB君は，対人関係を円滑に運ぶことができず，挨拶ができない，人にものを借りるとき，授業に遅れて教室に入って来たときなどに，適切な行動や発言ができない，また人の話をきちんと聞けない，という生徒です。B君への配慮を＊で示しています。ICT環境は，生徒が１人１台ずつタブレットを持っていて，グループ（４または５人）に１台ノートパソコンがあります。

＜指導案＞

段階	主な学習活動・内容	指導上の留意点	準備物
事前準備	・導入として以下の項目を説明する １）積極的に練習しよう。 ２）他の人のやり方を見てみよう。 ３）友だちが上手にできていたらほめよう。 ４）自分で工夫してみよう。（オリジナルバージョン） なお，前時に次の時間の授業内容（英語で自己紹介をすること）をあらかじめ伝えておく。	・教師は，左の４点ができている生徒をほめたり，フィードバックを与えたりする。 ＊B君に対しては，特に他の人のやり方をよく見てみよう。何度も練習しようと声かけをする。 ＊家庭にも実施内容をあらかじめ伝えておく。	
導入 (10分)	・教師の挨拶に対して，各自の今の気持ちを表現する。 Good morning. [Good afternoon.] I'm fine.	・元気よく挨拶をして明るい雰囲気で授業をスタートする。 Good morning [afternoon]! How are you today? ・それぞれの生徒の表現を拾って，Are you OK? などの声かけをする。 ＊B君に対しては声の大きさと人の顔を見て話すことに注意させる。	・その日の天候などに応じて「暑い」や感情の表現として「うれしい」などのさまざまな表現のカードや絵をタブレットに入れて準備しておく。

段階	主な学習活動・内容	指導上の留意点	準備物
		・ジェスチャーを交えて表現させてもよい。 ＊B君はタブレットも用いても構わない。Good morning. だけでも最初は構わない。	・必要に応じてタブレットを使用する。
展開（30分）	・はじめて出会った人との英語での会話について考える。 生徒1：Good morning. がいいと思います。 生徒2：Nice to meet you. がいいのでは？ 生徒3：次は自己紹介がいいと思う。 ・教師の問いかけに答える。 教師：Where are you from? 生徒：I'm from Osaka.	はじめて出会った人と英語で会話をするとしたら何を話すか，生徒に問い，一緒に考える。生徒から出た「流れ」を板書する。生徒から日本語で出てきた表現は英語にしてまとめる。 ＊B君は，モデルとなる1つの会話形式にまとめあげる必要はない。板書で見本になる表現をいくつか示し，それぞれが適切だと思った順序で会話を進めるように声かけをする。 ・Where are you from? のフレーズを導入する。 アクティビティの際，生徒が発話できるよう，整理しながら，何度も学級全体で発話練習をする。 （PCを使用する） ＊B君は，しっかりと発話できるように必要なら横について発音をサポートする。発話練習の何回かは，聞くことに注意させる。 （PC，タブレットを使用する） 生徒の様子をビデオで撮影する（タブレットでも可能）	・提示用として，Good morning. Nice to meet you. Where are you from? I'm from ～. のPowerPointのスライドを準備
	・自己評価をする（「ふりかえりカード」の記入）。タブレットやPCで記入させてもよい。 ・初対面の挨拶を使って，ペアで面接の練習をする。	・活動の中で，うまく話ができていた生徒や会話するときの姿勢や目線が良かった生徒を具体的に挙げ，評価する。 （タブレットを用いて，個人やグループで振り返る） ・比較する時は生徒から意見・感想を引き出す。 ・必要に応じてヒントを出す。 ・生徒の意見を板書する。 ＊B君は，上手にできていた生徒のポイントをメモさせる。 ・全体に面接を受けるときの姿勢や声の大きさといった態度の部分を中心に説明する。	面接のポイントのスライドを準備 1）あいさつする。 2）相手の顔をみる。 3）聞こえる大きさの声で言う。 4）背中を伸ばして体を前に向ける。 5）手はひざの上に置く。 6）相手の話を最後まで聞く。

段階	主な学習活動・内容	指導上の留意点	準備物
		＊B君は，面接のポイントをメモさせる。 ・実践した生徒には自己評価させる。 ・時間があれば，できなかった点を取り上げて再度練習する。 （タブレットを自宅に持ち帰らせて家庭で一緒に見てもらい練習する。）	「ふりかえりカード」自己評価シートを準備
終結（10分）	【友だちのサインをもらおう！】 1）教室の中を動き回り，友だちと「初対面の挨拶」を使って会話する。 生徒1：Hello. My name is Hagoromo Hanako. Nice to meet you. 生徒2：My name is Takaishi Taro. Nice to meet you, too. 生徒1：Where are you from? 生徒2：I'm from Osaka. 2）会話ができたら，その友だちから「サインシート」にサインをもらう。	・「サインシート」を配布し，導入で提示した「初対面の挨拶」を使ってコミュニケーション活動【友だちのサインをもらおう！】を行うように説明する。 ・全体にサインの数の多さを競う活動ではないことを，活動の前に確認する。 ＊B君は，サインは英語でも，日本語や何か特別なマークでもよいことを伝える。また，姿勢や目線などに気をつけながら活動を行うように声かけをする。また，コミュニケーション活動に参加できていない場合はペアを作れるように支援する。	「サインシート」を準備。 必要に応じてサインシートもタブレットに入れておく

【資料２】ICT活用授業に役立つウェブサイト（リンク集）

本書に取り上げたウェブサイトを始め，その他，ICT活用授業に役立つウェブサイトを紹介します。（URLは2014年5月現在）

● フリーソフト関係 ─────────────────────

・**JTrim**（http://www.forest.impress.co.jp/library/software/jtrim/）
　画像の回転やリサイズ，切り抜きといった基本的なものから，人物の顔のモザイク処理なども可能。

・**SnapTimer**（http://dan.hersam.com/software/snaptimer/）
　常駐カウントダウンタイマー

・**Craving Explorer**（http://www.crav-ing.com/）
　Craving Explorerは、YouTube、ニコニコ動画などの動画をダウンロードし、AVI / MPEG / MP4(iPod) / FLV / WAV / MP3の形式に変換、保存することができる動画専用ブラウザです。

・**SoundEngine free**（http://www.forest.impress.co.jp/library/software/soundengine/）
　音声編集ソフト。無料。波形をみながら編集できます。

・**SepPDF**（http://www.forest.impress.co.jp/library/software/seppdf/）
　複数ページに渡るPDFファイルを複数ファイルに分割します。フリーソフト。

・**ZoomIt**（http://technet.microsoft.com/ja-jp/sysinternals/bb897434?ocid=otc-n-jp-ddp--windows_forest）
　windows用に作られたアプリです。2010以前のPowerPointを使う場合は、画面の拡大等に便利です。

● 教材作成に ─────────────────────

・**BBC learning English**（http://www.bbc.co.uk/worldservice/learningenglish/）
　BBC放送ＨＰ内にある学習サイト。音声や動画など学習教材を無料でダウンロードできます。

・**Breaking News English**（http://www.breakingnewsenglish.com/）
　最新のニュース記事を題材に、ワークシートや音声が無料でダウンロードできます。

・**Curriki**（http://www.curriki.org/）
　世界中で、幼稚園から大学までの各分野/教科の教材を無償で共有できる環境を提供しています。（非営利団体）

・**TED**（http://www.ted.com/）

TED 主催の講演会のプレゼンを無料で公開しています。ダウンロードも可能。日本語の翻訳サイトもあります。

・**Voice of America**（http://learningenglish.voanews.com/）
　Voice of America　ＨＰ内にある学習サイト。音声や動画が無償でダウンロードできます。

・**Adult Learning Activities**（http://www.cdlponline.org/）
　遠隔学習サイト。インタラクティブな学習活動が無料でできます。米国のニュース中心。

・**Lesson Library**（http://lessonlibrary.jp/）
　先生のための語学教材活用ルーム

・**SlideShare**（http://www.slideshare.net/）
　公開されている PPF が無料で手に入ります。登録は必要です。

・**ペラペラ**（http://www.perapera.jp/）英会話イオン
　大杉正明先生のレッスンもあり、リーディング道場ではオリジナルの長文問題がダウンロードできます。

・**Teachitworld**（http://www.teachitworld.com/）一部無料

・**TeacherVision**（http://www.teachervision.fen.com/）一部無料
　メルマガで時節柄にあったトピックを提供してくれます。（ピアソン）

・**TeacherTube**（http://www.teachertube.com/）
　YouTube などの動画サイトを活用したサンプルが入手可能です。

・**EnglishCentral**（http://ja.englishcentral.com/academic）
　動画などを使ったレッスンプランを作れます。すでに日本でもいくつかの大学が活用しています。

・**the Guardian**（http://www.guardian.co.uk/world/japan/）
　日本に関してのニュースが集められています。「外から見る日本」は教材に好適です。

・**Keynote と PowerPoint の互換性　確認サイト**
（https://www.apple.com/jp/mac/keynote/compatibility/）

●各種アプリ

・**Phonetics**（http://www.uiowa.edu/~acadtech/phonetics/）
　発音の仕組みが flash で見られます。発音指導には最良。iOS, Android 版アプリもあります。Sounds of Speech というアプリになりました。（https://

itunes.apple.com/jp/app/sounds-of-speech/id780656219?mt=8）

・**Puffin Web Browser Free**（https://itunes.apple.com/jp/app/puffin-web-browser-free/id472937654?mt=8

　学習サイトでは Adobe Flash で作られたコンテンツが多数ありますが、iPad は、Flash に対応していません。このアプリでサイトにアクセスすれば閲覧可能です。

・**Note Anytime**（http://product.metamoji.com/ja/anytime/）

　iOS, Windows, Android 版すべてあります。手書きでのメモ、画像や、URL の取り込みなど、簡単なプレゼンはこのアプリでできます。

・**iTunes U**（https://www.apple.com/jp/education/ipad/itunes-u/）

　世界各国の大学や、教育機関のコンテンツを見られるだけでなく、先生個人の講座を作ることができますので、簡単な反転学習ができます。

・**Audipo** 〜倍速再生、耳コピ、リスニングに〜（https://itunes.apple.com/jp/app/audipo-bei-su-zai-sheng-erkopi/id607971056?mt=8）音声を利用する際に、スピードをあげて負荷をかけたり、スピードを落としたりできる無料アプリです。

・**ロイロノート**（http://loilo.tv/jp/product/ipad_edu_note）

　パワポや、キーノートのようにプレゼンに使ったり、生徒間や先生との双方向のデータのやり取りができるアプリです。

・**黒板 for iPad**（http://kokuban.me/）

　iPad を黒板のように使い、保存もできます。

・**Merriam-Webster Dictionary HD**（https://itunes.apple.com/jp/app/merriam-webster-dictionary/id438477986?mt=8）

　無料英英辞典　発音、語源、例文、同義語など豊富です。

● ICT 関連の情報収集や各種統計データ関係 ─────────────

・「デジタル教科書教材協議会」（http://ditt.jp/）
・「リセマム」　教育 ICT ニュース（http://resemom.jp/category/it-education/）
・教師力向上マガジン「キンジロー」（http://www.g-education.com/）
・「英語教育ニュース」（http://www.eigokyoikunews.com/）
・「東書 E ネット」（http://ten.tokyo-shoseki.co.jp/guide/）
・「大学入試問題過去問データベース」（東進ハイスクール）（http://www.toshin.com/nyushi/）
・「電子辞書活用事例集」（CASIO）先生による先生のための電子辞書活用サイト（http://edu.casio.jp/exword/school/）

おわりに

　この本を出版するに至った経緯については，「英語教育・達人セミナー」主幹である谷口幸夫先生を抜きには語れません。思い起こせば7年前，埼玉でのセミナーが終わり帰路につこうというとき，「学会で米田謙三先生が来ているから，会いに行こう」という谷口先生の鶴の一声で，埼玉から横浜に向かったことが著者2人の出会いのきっかけになりました。

　英語教育でのICT活用といえば，「東の唐澤，西の米田」などとそれまでも谷口先生が持ち上げてくださり，互いの名前は知っていましたが特に面識はなくて，埼玉と大阪という遠く離れた各々の学校で，ICTの効果的活用について研究実践していました。2時間かけて引き合わされた私たちは，すぐに意気投合。与えられた環境に差はありましたが，この先の英語教育には，デジタル教材やインターネットの活用が重要なポイントになると再確認しました。

　ICTの世界は，まさにdog year（ドッグイヤー）です。その後は，What is worth doing is worth doing promptly.（善は急げ）とばかりに，情報を共有しあいながら，ICT活用教育の研究・実践・普及を続けてきました。しかし，各地でのセミナーのたびに，「その画像はどうやって貼り付けるんですか？」「音声の加工はできますか？」「その映像はどこから入手したの？」「文字の動かし方を詳しく教えて！」……と質問攻めにあいます。授業で重要なのは，中身であって，メディアは本来なんでもよいと思いながら，PowerPointの使い方やICT活用のコツをその都度説明するたびに，効率の悪さと，英語教育の本質からずれていくように感じることもしばしばでした。

　そこで，ICT教材作成の基礎知識とICT活用授業のポイントを解説す

る本を出そうということになった訳です。編集に当たっては，デジタル教材勉強会で知り合った，大修館書店の池田菜穂子さんからのアドバイスを受けました。

　このようにして，東と西の点が線になったのが本書です。ICT 活用は，すべてを解決する，万能薬ではありません。今後は全国の皆さんとの協働により，より立体的で効果的な教材を作っていければいいなと思っています。さらには，ICT 活用教育の結果，生徒たちが世界中の英語に触れ，世界中の人たちと学び合うことによって，相手を思いやる心を育むとともに，自信を持って自分自身を語ることのできる英語力を身に付けていくことを願ってやみません。

　2014年6月

　　　　　　　　　　　　　　　　　　　　（著者を代表して）唐澤　博

○索引

☆:アプリやウェブサイト ／ ★:PowerPoint や Keynote で使われる用語

3G/4G　8
Adult Learning Activities☆　124, 159, 175
Anagram Academy☆　169
Arial（フォント）　37
Audipo☆　176
BBC learning English☆　174
Blackboard☆　160
Bluetooth　7
Breaking News English☆　174
Calibri（フォント）　37
Century（フォント）　37
Craving Explorer☆　174
Curriki☆　174
Dropbox☆　9, 40, 61
D-Sub 端子　5
DVI（DVI-D）端子　5
English Central☆　175
the Guardian☆　175
HDMI 端子　6
iBooks テキストブック☆　157
iCloud　8
ICT 活用教育の効果　129
ICT 活用授業　2
ICT 環境　2
ICT 機器　2
ICT 支援員　137
IC レコーダー　122
iMovie☆　60
iPad　18
iPad 版 Office　27
iTunes　61, 70

iTunes U☆　156, 176
JASRAC　147
JTrim☆　63, 174
Keynote　26, 30
PowerPoint と Keynote の互換性　27
Lesson Library☆　175
Merrian-Webster Dictionary HD☆　176
MP3　56
Note Anytime☆　163, 176
Office のテンプレート★　35
OHP　6
OS（オペレーティングシステム）　4
PDF ファイル　75, 122
PowerPoint　26, 28
Phonetics☆　175
Prezi☆　160
Puffin Web Browser Free☆　176
QuickTime　69
SAMR Model　23, 24
SepPDF☆　76, 174
SlideShare☆　175
SmartArt★　118
SnapTimer☆　174
SNS　9, 142
SoundEngine free☆　174
splashtop personal☆　32
TeacherTube☆　175
TeacherVision☆　175
Teachitworld☆　175
TED☆　68, 174
Times New Roman（フォント）　37

索引　179

TPACK Framework　23, 24
Voice of America☆　175
Wi-Fi　8
Windows Media Player　51, 53
ZoomIt☆　73, 174

【あ】
新しいスライド★　36
後戻りのできない読み　94, 97
アナグラム　169
アナログRGB端子　5
アニメーション★　28, 31, 71
アニメーションGIF　64, 66
アニメーションウィンドウ★　93
アニメーションの追加★　95
イチゴ読み　106
一斉送信機能　20
違法サイト　146
インタラクティブホワイトボード　4
インタラクティブリンク★　70, 78
映像端子　5
追いかけ読み　18
オーディオのトリミング★　58
オーディオファイル　56

【か】
学習者用デジタル教科書　12, 18
カシオEX-word　170
下線★　44
カメラロール　61
画面切り替え★　46, 81, 82
カラーパルス★　85
管理職研修　140
教育の情報化　138
教育の情報化に関する手引　145
行間★　38, 39
協働　18
教員のICT活用指導力のチェックリスト
　135, 136
クラウド　8
クリップアート★　63, 65, 91

蛍光ペン★　45
ゲームアプリ　168
現在のスライドから★　47
建設的妥協点　153
校内LAN　131
国際交流　21, 153
黒板 for iPad☆　176
コンバーチブル型　3

【さ】
左右反転★　88
実物投影機　6
指導者用デジタル教科書　12, 18
視認性　36
上下反転★　88, 99
情報モラル教育　144, 150
ショートカットキー　77
書画カメラ　6
職員室のデジタル化　8
すかし読み　86
スキミング　17, 119
スキャナ　7
スクリーン　6
スクリーンショット　67
ストレート型　3
スピーカー　7
スライドアウト★　97
スライドイン★　97
スライドショー★　46
スライドズーム★　73
スラッシュリーディング　17, 19, 100, 103
世界寺子屋運動　22
セパレート型　3
ソーシャルメディア　9
速読　94, 97, 98
速読訓練　119

【た】
大学入試センター試験　121
タイマー　109
タイミング★　96

タッチパネル　48, 67
タブレットPC　3
長文問題　119
著作権法第35条　145
テキストオプション★　50
デジタルカメラ　7
デジタル教科書　12
デジタル教材勉強会　138, 139
デジタルテレビ　7
デジタルビデオ　7
電子黒板　4
電子辞書　170
電子情報ボード　4
特別支援　171

【な】
日本教育工学協会（JAET）　144
ノートアプリ　163
ノートテイキング　43
背景のスタイル★　35

【は】
ハイパーリンク★　51, 75, 123
バウンド★　92
パソコン　3
発音記号　80

板書　14
反転授業　156
反転表示★　86
ビデオのファイル形式　125
フェード★　93, 113, 117
フラッシュカード　19, 80, 84, 112
プレゼンテーション・ソフトウェア　26
プレゼンテーション　152
フロートアウト★　113
プロジェクター　5
ペラペラ☆　175
ポインターオプション★　48

【ま・ら・わ】
ムーク（MOOC）☆　156
ムービーメーカー　82
虫食い音読　89, 91
無線LAN　8
文字修飾　28, 43
リスニング問題　121
リテリング　116
リハーサル★　103
両端揃え　39
ルーメン（明るさの単位）　5
ロイロノート☆　165, 176
ワイプ★　71, 95

◆ダウンロードデータのご案内
　本書の第3章，第4章で紹介したPowerPointのスライドの一部は，大修館書店ホームページ（http://www.taishukan.co.jp）の『英語デジタル教材作成・活用ガイド』「書籍の詳細」ページからダウンロードできます。スライドを作成する際，サンプルデータとしてご利用ください。

[著者紹介]

唐澤　博（からさわ・ひろし）
浦和実業学園中学校高等学校教諭（英語）。長野県生まれ。獨協大学外国語学部英語学科・専攻科修了後，現職。「英語教育・達人セミナー」，CALL，電子辞書セミナー等で講師を務めるほか，「デジタル教材勉強会・東京」を主催して，ICT活用教育の普及に尽力している。「東書Eネット」にて，ICT活用に関する授業実践を連載中。ロック音楽に造詣が深く，洋楽を活用した授業を得意としている。趣味はギターと料理。

米田謙三（よねだ・けんぞう）
羽衣学園中学校高等学校教諭（英語・情報・地歴公民）。大阪府生まれ。神戸大学教育学部卒業後，現職。大阪私学教育情報化研究会副会長，公益社団法人英語検定協会派遣講師，警察庁「児童のスマートフォン利用に関する効果的な広報啓発に関する研究会」委員等を務める。「デジタル教材勉強会・大阪」を主催。全国各地で，英語教育や情報教育に関するセミナー講師や模擬授業を行っている。アジア諸国や英語圏の国々を駆け回り，ICTを利活用した協働学習や国際理解教育を実践中。

英語(えいご)デジタル教材作成(きょうざいさくせい)・活用(かつよう)ガイド
©Karasawa Hiroshi & Yoneda Kenzo, 2014　　　NDC375／x, 181p／21cm

初版第1刷──2014年8月10日

著者	唐澤　博／米田謙三
発行者	鈴木一行
発行者	株式会社　大修館書店
	〒113-8541　東京都文京区湯島2-1-1
	電話03-3868-2651（販売部）03-3868-2293（編集部）
	振替00190-7-40504
	[出版情報] http://www.taishukan.co.jp

装丁者	井之上聖子
イラスト	スズキサトル
印刷所	錦明印刷
製本所	司製本

ISBN978-4-469-24589-9

Ⓡ本書のコピー，スキャン，デジタル化等の無断複製は著作権法上での例外を除き禁じられています。本書を代行業者等の第三者に依頼してスキャンやデジタル化することは，たとえ個人や家庭内での利用であっても著作権法上認められておりません。